Christian Fass

Beiträge zur französischen Volksetymologie

Christian Fass

Beiträge zur französischen Volksetymologie

ISBN/EAN: 9783743328112

Hergestellt in Europa, USA, Kanada, Australien, Japan

Cover: Foto ©Thomas Meinert / pixelio.de

Manufactured and distributed by brebook publishing software (www.brebook.com)

Christian Fass

Beiträge zur französischen Volksetymologie

Beiträge zur französischen Volksetymologie.

Inaugural-Dissertation

zur

Erlangung der philosophischen Doctorwürde

an der

Kgl. Georg-Augusts-Universität zu Göttingen

von

Christian Fass.

Erlangen.
Druck der Universitäts-Buchdruckerei von Junge & Sohn.
1887.

Separatabdruck aus den Romanischen Forschungen, herausgegeben von Karl Vollmöller. 3. Bd. 3. Heft. (Erlangen, A. Deichert. 1887.)

Druck von Junge & Sohn in Erlangen.

Herrn

Professor Dr. Karl Vollmöller

in dankbarer Verehrung gewidmet.

Inhalt.

	Seite
Ortsnamen	8
Sonstige Lokalbegriffe	12
Strassennamen	14
Personennamen	15
Persönliche Begriffe	18
Tierreich	21
Pflanzenreich	24
Mineralreich	27
Naturerscheinungen	28
Der menschl. Leib, Krankheiten und Heilmittel	28
Waffen, Ausrüstung, Instrumente	29
Schiffsausdrücke	33
Kleidung, Speise, Trank	34
Bauwerke	36
Spiel, Kunst, Geld	38
Zeit, Wort, Schrift	40
Andere Abstrakta	41
Verba und Verbalausdrücke	43
Adjektiva	46
Adverbia und andere Wortarten	48

Beiträge zur französischen Volksetymologie.

Von

Christian Pass.

Seit dem Erscheinen von Karl Gust. Andresens Buch Ueber deutsche Volksetymologie (Heilbronn 1876) hat man diesem interessanten Kapitel der Sprachwissenschaft allgemeine Aufmerksamkeit zugewandt. Das Buch liegt jetzt bereits in 4. Auflage (1883) vor und hat ausser verschiedenen Aufsätzen in Zeitschriften, Programmen u. s. w. mehrere selbständige Schriften über die Volksetymologie in anderen Sprachen hervorgerufen. So erschien ein Buch über dänische Volksetymologie von Nyrop, welches mir nicht zu Gesicht gekommen ist, und über englische Volksetymologie von Palmer (Folk - Etymology. A Dictionary of verbal Corruptions or Words perverted in Form or Meaning by false Derivation or mistaken Analogy. By Rev. A. Smithe Palmer. Lond. 1882, XXVIII + 664 S.), welcher auch Beispiele aus anderen Sprachen beibringt. Er übertrifft alle seine Vorgänger an Vollständigkeit, obgleich manches auszuscheiden wäre, was keineswegs in das Gebiet hineingehört. Besonders bei seinen Beispielen aus den romanischen Sprachen hat er viele Missgriffe gethan.

Nachträge und Bemerkungen zu den Schriften von Andresen und Palmer erschienen dann von A. Pogatscher (Zur Volksetymologie, Nachträge und Bemerkungen zu Andresens und Palmers volksetymologischen Schriften, Graz 1884), welcher nebst einigen wichtigen Winken über Wesen und Begriff der Volksetymologie in alphabetischer Reihenfolge einige Beispiele aus der deutschen,[englischen, holländischen, lateinischen, französischen, italienischen, griechischen und hebräischen Sprache beibringt.

Ueber Wesen, Umfang und Begriff der Volksetymologie handelt noch Dr. O. Weise, Zur Charakteristik der Volksetymologie, in der Zs. f. Völkerpsychologie und Sprachwissenschaft, Bd. 12 S. 203—23.

Während so das Material für die deutsche und englische Sprache ziemlich gesammelt vorliegt, giebt es meines Wissens auf dem Gebiete der französischen Sprache noch keine irgendwie erschöpfende Zusammenstellung. Ausser den Aufsätzen von Chevallet, Origine et formation de la Langue franç. II 1, 177—189, Caix, Riv. di filol. rom. II 80 und Studi di etimologia italiana e romanza, S. 191 und Andresen a. a. O. S. 27—37, ist mir keine Abhandlung über französische Volksetymologie bekannt. Ich habe in Nachstehendem versucht, einige bescheidene Beiträge zu geben. Ursprünglich wurde beabsichtigt das ganze Gebiet der romanischen Sprachen zu behandeln, aber es stellte sich bald heraus, dass dieses hier nicht möglich war. Auch bei der Beschränkung auf das Französische ist vorliegende Sammlung, wie es in der Natur der Sache liegt, noch sehr unvollständig und bringt grösstenteils nur Beispiele aus der Schriftsprache. So liesse sich z. B. aus afrz. Texten, aus den humoristischen Werken, besonders denen des 16. Jhd., und aus den dialektischen Wörterbüchern noch eine grosse Menge Material zusammenbringen.

Bei Zusammenstellung dieser Arbeit leisteten mir vorzügliche Dienste die Wörterbücher von Diez (Etymolog. Wörterbuch der roman. Sprachen 4. Aufl., Bonn 1878) und Littré (Dictionnaire de la langue française, Paris 1863—1875). Die sonstigen benutzten Hilfsmittel und gelesenen Texte werden bei den betreffenden Citaten angeführt werden. Lorédan Larchey, dictionnaire des Noms, Paris 1880, 8º wird mir erst jetzt in dem Augenblicke zugänglich, da ich das Manuskript meiner Abhandlung in die Druckerei gebe. In der Anordnung des Stoffes bin ich der besseren Uebersicht halber Andresen gefolgt.

Es sei mir gestattet, meinem hochverehrten Lehrer, Herrn Professor Vollmöller, für die reiche Anregung und stets bereite Hülfe auch hier meinen innigsten Dank auszusprechen.

Ortsnamen.

Die Zahl der Ortsnamen, welche der Volksetymologie ihr Dasein verdanken, ist begreiflich sehr gross. Das alte Gallien bewohnten ursprünglich die Kelten, welche natürlich auch keltische Benennungen für ihre Ortsnamen hatten. Nach der Eroberung Galliens durch die Römer behielten diese vielfach die ursprünglichen Namen bei, oder sie übertrugen sie ins Lateinische, wobei sie weniger auf die Bedeutung der Wörter als auf den Gleichklang Rücksicht nahmen. Bei der organischen Entwicklung des Lateinischen zum Französischen kam es wiederum zu den grössten Entstellungen.

So ist man geneigt, den Artikel zu sehen in *Saint - Maur - les - Fossés*, weshalb man auch *Fossés* fälschlich mit *s* am Ende schreibt. Daneben findet sich *Saint - Maur - des - Fossés*. Hier ist jedoch *les* keineswegs der Artikel, sondern vielmehr = latein. *latus* „neben, bei". Aehnlich ist es in *Passy - les - Paris, Plessis - les - Tours* und *Lons - le Sau(l)nier*. Andrer Herkunft ist der scheinbare Artikel in *Le Pec* (Seine et Oise), *Saint - Felix - l'Hérat* (Herault), *Les Chères* (Rhône) und *lou Rouet* (eine alte Vorstadt von Marseille); ihre Quellen sind *Alpicum, Lerate, Lescherias* und *Lauretum*. Die Bildung ist klar, man sah in *Alpicum* ein *à le Pec* und in dem anlautenden *l* der andern Wörter den Artikel. — Eine scheinbare Präposition haben wir in dem Namen *Saint - Vicent - d'Agny* (Daginus); ebenso ist in *Trois - Châteaux* (Drôme) ursprünglich keineswegs das Zahlwort *trois* enthalten, vielmehr zerlegte man sich *Tricastinis* erst in *Tri* (*tres*) + *Castinis*. *Champdôtre* und *Fécamp(s)* (*Candostrum, Fiscannum*) schreibt man mit *p*, weil man sie an *champ* (Feld) anlehnte.

Ein mit dem Suffix -*ard* nur scheinbar identisches Suffix haben *Bard* (*Barrum*), *Couard* (*Cucubarrum*), *Mouchard* (*Motkalia*) und *Pommard* (*Polmarcum*). *Chambourg* in Indre et Loire und *Chambord* in Loir et Cher sind identisch und stammen aus *Cambortus*; *Nanterre* und *Tonnerre* sind aus *Nemetodurum* und *Ternodurum* entsprungen. *Arqueneuf* (Yonne) entstand aus *Riconorus* folgendermassen: *Riconorus-Requeneur - Requeneul - Requeneux - à* + *Requeneux - Arqueneux - Arqueneuf*. *Orange*, das alte *Arausio*, hat in der ersten Silbe eine Anlehnung an *or* (Gold) erfahren. *Mont Louis* bei *Tours* scheint ein *Mont de Louis* (Ludwigsberg) zu sein, jedoch in einem Texte von 440 findet sich *mons Laudiacus* dafür[1]). *Charroux* und *Substantion* sind Entstellungen aus *Karofium* und *Sextantione*.

Die Endung -*fleur* in einigen, besonders normannischen Ortsnamen hat mit *fleur* (Blume) nichts zu thun. In afrz. Chroniken (z. B. bei *Wace* und *Ph. Mouskes*) finden sich statt *Barfleur* die Formen *Barbeflo, Barbefleu, Barbeflie, Burbesfuet* u. s. w. Andresen hält dies *fleur*, afrz. *flue* u. s. w., für lat. *fluctus*, während Littré darin ein skandinav. *fiord* „Meerbusen, Bucht" sieht, da die Endung nur in normann. Ortsnamen enthalten ist. Er erklärt *Barfleur* als „nakte, öde Bucht", *Harfleur* = „gefährliche Bucht"; ähnlich ist es mit *Honfleur*[2]). Der zweite Teil der normann. Ortsnamen *Belbeuf, Coulibeuf, Quillebeuf, Elbeuf,* welche auch gelegentlich mit *oeu* geschrieben werden, enthält die seit dem 10. Jhd.

---

1) Vgl. Littré, Études et Glanures S. 202.
2) Vgl. Littré a. a. O. S. 116.

aus dem Skandinavischen (budP) latinisierte Endung -*ovium* und hat ursprünglich nichts mit *boeuf* (*bovus*) zu schaffen.¹). Gröber führt die Endung -*beuf* auf dtsch. *bodo* zurück²). *Francfort*, italien. *Francoforte* (*Frankfurt*) lehnt sich in seinem letzten Teile an Bildungen wie *Belfort*, *Rochefort* an³).

Im Mittelalter wurden verschiedene Städte nach Heiligen benannt, späterhin vergass man oft die Bedeutung des Namens und formte denselben nach einem bekannten Worte um. Bei Langeais (Indre et Loire) liegt ein Ort *Cinq-Mars*, welches man im Mittelalter als *Quinque Martes* auslegte; der Ort erhielt jedoch seinen Namen von *Sanctus Medardus*. Aus *Sanctus Pancratius*, *S. Cyricus*, *S. Illidius* machte man *Saint-Branches*, *Saint-Chartres*, *Sainte-Olive*.

Umgekehrt sah man irrtümlicherweise ein *Sanctus* in *Saint-Dremond* (*Sidrenum*), Dorf bei Vienne, *Saint-Cy* (Nièvre) und *Saint-Boing* (Meurthe), welche in Urkunden des 12. Jhd. als *Suenci*, resp. *Cembench*, *Cembeng*, *Cembanche* vorkommen. Ebenso heisst die jetzige Stadt *Senlis* (Senelectis) in der alten Sprache häufig *Saint-Lis* (heilige Lilie). In Saintonge (*Santonia*, benannt nach den *Santones*), einer alten französischen Landschaft, lässt sich eine Einwirkung von *Saint* nicht verkennen, so schrieb Benoit (Chronique I, S. 42 V. 1085) auch *Sainte Unge*.

Die Zahl der bei den übrigen zusammengesetzten Ortsnamen vorkommenden Entstellungen ist sehr gross. *Charpont* ist nicht mit *char* zusammen zu bringen, da der ursprüngliche Name *Sonteri Pons* ist. Die Anfangssilben in *Cherbourg*, *Merville*, *Faumont* und *Jeumont* sind mehr oder weniger entstellt oder umgedeutet: *Cherbourg* hiess früher *Caesaris Burgus*, *Merville*, welches man als Meerstadt auslegt, hat seinen Ursprung in *Mauronti villa*, daneben finden sich in Urkunden *Maurantville*, *Merenville*, *Menreville* (das man als *minor villa* verstand) und *Meureville*⁴). *Faumont-Fomont-Fromont-Froimont-Frigidus mons* (kalter Berg)⁵). In *Jeumont* liegt wie bei *jeudi* (*jovis dies*), ein *Jovis mons* (Jupiterberg) zu Grunde. Die Stadt *Beaugency* hiess bis zum 18. Jahrhundert *Bois-Gency*⁶) und *Bonmoutier* in Lothringen hiess früher *Bodonis* (nicht *Bonum*) *Monasterium*⁷). In Urkunden des 12. Jhd. findet sich *Villa peror* (*Villa pi-*

---

1) Vgl. Quicherat, Noms de Lieu S. 30.
2) Vgl. Zs. f. rom. Phil. II 460.
3) Pogatscher a. a. O. S. 33.
4) Ueber die Geschichte dieses Wortes vgl. Mannier, Études S. 48 ff.
5) Mannier, Études S. 183.
6) Génin, Variations du lang. franç. S. 160.
7) Andresen a. a. O. S. 34.

rorum) statt des heutigen *Villepreux*; im 10. Jhd. giebt es ein *Castello Wandelors* (*Castellum Wandalorum*), wofür man heute *Casteljaloux* sagt, und aus dem alten *Castrum Radulfi* machte man *Châteauroux* statt *Châteauraoul*. *Pré-Marie* in Poitou, welches *Pré-de-Marie* zu sein scheint, war früher *Pratum maledictum* (pré maudit). Im Departement Seine-et-Oise giebt es eine Stadt *Chantereine*, in welchem Worte die letzte Silbe nicht *reine* (*regina*), sondern *raine* (*rana*) bedeutet. Diese mit *Chante* zusammengesetzten Ortsnamen werden verschieden ausgelegt, man übersetzt das Wort mit *cantat*, *campus* und *canthus*[1]). In einer Reihe von zusammengesetzten Ortsnamen sind beide Teile vollständig entstellt, wie z. B. in *Grossoeuvre* statt *Granseuve* = *Grandis silva*, *La Chaux-de-Fonds* (*Font*), eine Stadt im Kanton Neuenburg, berühmt wegen ihrer Uhrenfabrikation, ist = *La Chaude Font* (die heisse Quelle). *Robehomme* in der Normandie und *Diane-la-Chapelle* in Lothringen sollen Entstellungen von *Reinbert Holm* und *Die Annakapelle* sein [2]). Der französ. Ortsname *Abbéheureux* ist nach L. Larchey eine volksmässige Entstellung von *Abéourou* [3]). Ausserdem führt L. Larchey noch folgende Entstellungen an: *Le Cube et l'Appareil* (= pr. *Le Cubo et la Paré*), *Jus de Gigot* (= *Jas de Ghigo*), *Chandelier*, auch *Chandeliour* genannt, statt *Champ de Lioure* (*Champ de Lièvre*); *Pont-à-Couleuvre* in Oise, eigentlich „Schlangenbrücke", hiess früher *Pont à Quileuvre* (= *Pont à qui l'euvre*). Das frühere *Hagae domini Gilonis* formte man um in *Les Aix-d'Anguillon*, statt *Les Haies dam-Gilon*; *Pui du Fou* wird oft verstanden als „*le puits du fou*", „Brunnen des Thoren"; pui ist aber = lat. *podium* (Hügel) und *fou* = *fagus*[4]). *Croucy-laid-Peuple* (Cr. das hässliche Volk) ist der volkstümliche Name eines französischen Dorfes, statt *Croucy-les-Peuples* (Cr. neben den Pappeln) [5]).

Auf dem gleichen Principe des Gleichklanges beruhen die zahlreichen falschen lat. Uebersetzungen französischer Ortsnamen im Mittelalter. *Bonneuil* (*Bonogilum*) übersetzte man mit *Bonus oculus*, *Chenéché* mit *Canutum caput*, indem man darin *chenu chef* sah; *Sanois* mit *Centum nuces* (*cent nois*) und *Marville* (*Manulfi villa*) mit *mater villa*[6]).

Den Namen der berühmten Abtei der Kartäuser Mönche, *Chartreuse* (afrz. *Chartrouse*), zerlegte man sich in *Char* (Fleisch) und *trouse* (von *trousser*). Guiot, Bible V. 1328:

---

1) Hierüber vgl. Houzé, Étude S. 17—21.
2) Andresen a. a. O. S. 34.
3) Vgl. Palmer S. 515.
4) Palmer S. 551; L. Larchey, Dict. des Noms S. XIII ff.
5) Vgl. Plessy-les-Tours u. s. w., oben S. 9.
6) Vgl. Quicherat, Noms de Lieu S. 78.

Mais que dirai - ge de *Chartrouse*
Ou chascuns sa *viande trouse.*

Wace macht aus der englischen Stadt *Lincoln* ein *Nicole*, welche Form sich auch im Tristan und im Roman de la Violette findet[1]). *Huntingdon* und *Portsmouth* heissen bei Wace und Benoit *Hontedone* (*Huntedune*), resp. *Portemue, Portesmues*, und aus *St. Remi* (*Sanctus Remigius*) machen sie ein *St. Romie.* Für *Durham* findet sich im afrz. *Dureaume, Dureiaume* u. s. w.[2]), indem man sich das Wort in *Dur + heaume* (Helm) zerlegte. *Constuntinoble*, welches sich öfter im Reime zu *noble* findet, enthält Anlehnung an dasselbe (z. B. bei Gautier de Coincy 417, 2. 418, 45. 425, 7 u. s. w.)[3]). Von *Jumièges* geben die alten Dichter verschiedene Etymologien, z. B. Benoit, Chronique V. 903, 915 ff.:

  Que par les granz *gemissemenz* . .
  Aveit pur ceo *Gimeges* nun,
  Gemeges de *Gemissemenz*:
  Tels ert la glose e li sens ....
  De gemme fine e esmerée
  Esteit *Jemeges* apelée.

Die *Philenorum Arae*, welche die Karthager zu Ehren der philenischen Brüder errichtet hatten, die für das Vaterland gestorben waren, nennt Wace „*Auteus des Philistins*"[4]).

Ueber die Ortsnamen im Allgemeinen vergleiche: A. Houzé, Etude sur la signification des Noms de Lieux en France, Paris 1864; E. Mannier, Etudes ... sur les Noms des Villes, Bourgs et Villages u. s. w., Paris 1861; Quicherat, De la formation franç. des anciens Noms de Lieu, Paris 1867.

Sonstige Lokalbegriffe.

Die Insel *Kytheron* (*Cerigo*) bei *Creta*, nfrz. *Cithère*, bekannt als Geburtsstätte der Venus, nannte man früher auch wohl *l'île de Cicéron*[5]). Aus der Insel *Bellopoulos* machten die Matrosen ein *Belle Poule*[6]). In der Nähe von Grénoble findet sich ein Turm namens *Tour sans Venin*, von dem die Sage geht, dass kein giftiges Tier sich demselben nähern könne; der ursprüngliche Name desselben ist jedoch „*Tour San Verena*"

---

1) Vgl. Tristan, ed. Fr. Michel, I S. 138 V. 2835.
2) Z. B. Tristan I S. 188 V. 2199 und Benoit, Chr.
3) Vgl. Dunker, Zu Jean le Marchant, Rom. Forsch. III S. 394.
4) Vgl. Wace, Brut I S. 35 Anmerk. 2.
5) Ampère, Essai philos. S. 314.
6) Palmer, Folk Etym. S. 520.

oder „*Tour Saint Vrain*"[1]). Einen alten Befestigungsturm in Aix nennt man jetzt *La Tour de César*, das Volk nennt ihn jedoch richtiger *La tourre de la Queirié* (Steinturm)[2]). Ein anderer Turm, *la tour de Constance*, wird der Sage nach mit dem Kaiser Constantius verknüpft, in Wahrheit aber erhielt er seinen Namen von Constanze, der Gemahlin des Grafen Raymund von Toulouse[1]). Victor Hugo erzählt einmal in Notre Dame de Paris (VI 2) von einem alten Turme in Paris, „*la tour de Roland*", welcher der Aufenthaltsort einer vornehmen, trauernden Dame gewesen sei; über einem Fenster desselben habe die lat. Devise „*Tu ora*" (Du, bete) gestanden, das Volk habe dies jedoch nicht verstanden und es in „*Trou-aux-Rats*" (Rattenloch) umgewandelt[1]).

Das Kloster *Bisan* in Abessinien wurde von Reisenden *Monastère de la Vision* genannt[3]), und *L'abbaye de Saint-Père* in Chartres ist eine falsche Schreibung für *Saint-Pierre* (*Petrus*)[4]). In der Gaunersprache sagt man *Abbaye de Saint-Pierre* statt *Cinq pierres* (Schaffot). Die Gegend, in welcher das Nonnenkloster *Port-Royal* liegt, hiess ursprünglich *Le Porrois* (d. i. *das Moorland*), woraus man dann später *Portreal* und *Port-Royal* machte[5]).

Dem *Montmartre* zu Paris liegt eine aus *Montmercre* entstandene Form *Mons Mercurii* zu Grunde, später erklärte man das Wort als *Mons Martyrum*. Ein Berg bei Köchern in Lothringen, *Hiéraple*, wird mit einer pseudo-griech. Stadt *Hierapolis* in Verbindung gebracht, die Umwohnenden nannten ihn jedoch stets *Herappel* (wahrscheinlich keltisch)[1]). *Montem Garizim* verwandelte man im Französischen zu *Montjardin*[6]). Das jetzige *boulevard* (dtsch. *Bollwerk*) schrieb man früher auch *boulevart* und *boulevert*, daher von Voltaire aufgefasst als *boule* und *vert* (grüner Rasenplatz, auf welchem man mit Kugeln spielt). Die Endung *-ard* ist hier wie in *bocard* = dtsch. *Pochwerk* nur scheinbar das im Frz. häufige Suffix -ard. Seit dem 12. Jhd. heisst die Vorstadt *forborc* (Renaus v. Montauban S. 120 V. 17), *forbourgs*, *fourbourcs*, *horsborcs* (vgl. mhd. *vor-burc*), weil ausserhalb der Ringmauer gelegen. Im Laufe der Zeit verstummte das *r* in *for* und man sprach fobourg, wofür dann seit dem 15. Jhd. die Schreibungen *faubourg, faulbourgs, fauxbourgs, faulxbourgs* (= falsus burgus, das Du Cange erst seit 1380 belegt) auftauchten[7]).

---

1) Andresen S. 35.
2) Palmer, Folk Etym. S. 523.
3) Palmer a. a. O. S. 565.
4) Génin, Des Variations du langage français, Paris 1845, S. 153.
5) H. Breitinger, Die franz. Klassiker⁴, S. 38.
6) Vgl. Ph. Mouskes, Chronique rimée V. 5694; G. Paris, Hist. poët. S. 265.
7) Vgl. Chevallet a. a. O. S. 180 ff.; Littré s. v. faubourg.

In den Dörfern von Hainaut nennt man die Eisenbahnstation *urrestation* („où l'on *arrête*") statt *station*¹). Ein Ort in Paris, la Place du Châtelet, auf welchem die Kaufleute ihre Waaren zusammenbringen, heisst volkstümlich *la Porte - Paris* statt *l'Apport - Paris*²).

Strassennamen.

In Paris giebt es eine Strasse, *„la Rue St. André des Arts"*, für die man früher *St. André des Arcs* sagte⁴). Aus der *„Hellengasse"* in Strassburg, benannt nach einer Familie zur Hellen, machte man eine *Rue de Ste. Hélène*³). Im Jahre 1878 wurde die *Rue d'Enfer* (Höllenstrasse) durch ein Dekret des Präsidenten zu Ehren des Verteidigers von Belfort in eine *Rue Denfert* umgewandelt⁴). Die Strasse *Gervais - Laurent* hiess in früherer Zeit *Gervaise Loharenc* (*Gerv. der Lothringer*)⁵). Nach Abbé Lebeuf erhielt die alte *Rue du Grand - Huĕ-Leu* ihren Namen von einem Ritter *Hugo Lupus*, welcher im 12. Jhd. Besitzungen in und um Paris hatte. Später verstand man dies nicht mehr und nannte sie *La Rue du Grand-Hurleur*. Rabelais (Pantagruel L. II, Ch. 6) kennt die Strasse noch unter dem Namen *Huslieu*⁵). Im 12. Jhd. nannte man die Strasse, in welcher viele Köche wohnten, *la rue où l'on cuit les oës* (Gänse), später sagte man einfach *Rue as oës, as ouĕs, aux ouĕs*; jetzt heisst die Strasse *lu Rue aux Ours* (Bärenstrasse)⁶). Die heutige Strasse *Cour - Bâton* in Paris hiess im 15. Jhd. *la rue Coup - de Baston*, welches wiederum eine Entstellung aus *Col-de Bacon* (*cou de cochon*) ist⁶). Génin (Récréat. phil. I 406) erklärt die *Rue aux Fers* in Paris als eine Entstellung von *Rue aux Ferpes* (Goldfransenmacher), während Chevallet (a. a. O. S. 187) es als *Rue au Fouarre* (= *feurre*) ansieht. Die Strassen *Transnonain, du Pélican, du Petit - Musc* und *Verderet* hält Chevallet (a. a. O. S. 188) für *Trousse-Nonain, du Poile - C., Pute - y - muce* und *Merderet*. *La Rue de Quincampois* ist nach Génin eine Entstellung von „*qui qui en poist*" (= *qui qui s'en fâche*), ebenso wie *Tiquetonne* = *qui que s'en tonne*⁷). Diesem Kapitel über Strassennamen liesse sich noch eine Menge von Beispielen

---

1) Vgl. Sigart, Dict. du Wallon de Mons S. 67.
2) Dict. du bas Langage.
3) Andresen S. 36.
4) Andresen S. 35.
5) Chevallet a. a. O. S. 188.
6) Chevallet a. a. O. S. 187.
7) Génin, Récr. phil. I 349.

hinzufügen, aber Vollständigkeit kann man hier, wie überall auf dem Gebiete der Volksetymologie, nicht leicht erreichen.

Personennamen.

Von den französischen mehr oder weniger aus latein. Geschlechts- und Zunamen entstellten Familiennamen führe ich folgende an: *Sulpicius* wurde *Sulpice* und mit Umstellung *Suplice, Supplice*, welcher Name also mit *supplice* (*supplicium*) nicht zusammen zu bringen ist. Aus *Supplice* entstand dann nach Abfall der ersten Silbe *Plisson*. *Pontius* ist noch erhalten in *Ponce* und *Ponceau*, welche als Appellativa andern Ursprungs sind. Aus *Clemens* bildete man mit dem Suffix -*ard Clemensard* und mit Apokope der ersten Silbe *Mansard*. *Paulinus* wurde *Paulin, Poulin* und *Poulain*. Der latein. Beiname *Romanus* erscheint im Französ. als *Romain*, *Main* und *Manet*, doch ist zu bemerken, dass letztere auch Ableitungen von *Germain, Germanet* sein können. *Silvanus* und *Silvaticus* erhielten sich als *Servant* und *Servage*[1]).

In afrz. Gedichten wird der Name *Brandan* durch *brandon* (Fackel) erklärt. Z. B. B. de Sebourc Bd. I S. 302 V. 1248 ff.:

> Et des *brandons* d'enfer fu des deables getés,
> Que près que chés vassiaus ne fuit tout embrassés
> Et pour iches *brandons* fu - il Brandons clamés.

Boneface entstand aus *Bonifatius* mit Assimilation an *bona facies*[2]). Nach einigen Ansichten gründet sich *Charlemagne* nicht auf *Carolus magnus*, sondern auf *Charlemaine*, welches aus dem deutschen *Karlmann* stammen soll[3]). Die afrz. Gedichte führen jedoch allerlei Geschichten an, um sich den Namen zu erklären. So sagen z. B. verschiedene Epen, dass er seinen Namen daher habe, weil er auf einem Karren (*char*) erzeugt sei[4]), Ph. Mouskes (Chronique V. 11860) erklärt den Namen nach dem Pseudo - Turpin als „*car de lumière*". Der Held eines afrz. Heldengedichtes, „*Ogier le Danois*" oder „*Ogier de Danemarche*", steht ursprünglich mit *Danois* und *Danemarche*

---

1) Ueber die Eigennamen vergleiche:
   Mowat, Etude sur la déformation dans les noms propres (Mém. d. l. Soc. de Ling. I 171).
   E. Ritter, Les Noms de Famille, Paris 1875.
   H. Moisy, Noms de Famille Normands, Paris 1875.
2) Vgl. G. Paris, Alexis S. 106.
3) Andresen S. 34; vgl. Grimm, Gramm. 2, 463; Zs. f. vgl. Spr. 23, 378.
4) Vgl. G. Paris, Hist. poet. S. 227, 440 u. s. w.

nicht im Zusammenhange. *Ogier* wurde im Ardennenwald (*Ardane*) geboren und hiess wohl ursprünglich *Ogier l'Ardanois*, welches man später in *Ogier le Danois* entstellte. Als nun der Zusammenhang mit *Danois* (Däne) hergestellt war, nannte man den Helden auch *O. de Danemarche*. Eine andere Entstellung ist „*Ogier le Damné*", zu dessen Erklärung man folgende Fabel erfand: Ogier war ursprünglich Heide und liess sich taufen; seine früheren heidnischen Freunde schrieben deshalb an ihn „*tu es damné*", worauf Ogier den Namen „*le Damné*" annahm. Es ist selbstverständlich, dass die Geschichte nur erfunden wurde, um den Namen zu erklären, und dass „*Danois*" und „*Damné*" identisch sind[1]). *Perceval* (Parzival), welches auf kelt. *Peredur* (Sucher des Gefässes) zurückgeht, wurde volkstümlich als *perce-val* (dring durchs Thal) zerlegt, was später die analoge Namenform *Perceforest* d. i. *perce-forêt* (dring durch den Wald) hervorrief[2]). *Psalemon* neben *Salemon* schreibt man im Afrz., als wenn der Name mit *pseaume* (Psalm) etymologisch identisch wäre[3]). Von dem berühmten Neffen Karls des Grossen wird erzählt, dass er bei seiner Geburt von einem Ende der Höhle zum anderen gerollt sei (*rouler*), deshalb habe er den Namen *Roland* = *Roulant* (der Rollende) erhalten[4]). Ph. Mouskes gibt in seiner Chronique rimée von afrz. Eigennamen folgende Etymologien:

Cis nons *Rollans* dist antretant
Comme *rolles* de viertu grant.
Cis nons *Oliviers* si s'accorde
A *viertu* de misericorde.
Cis nons *Turpin* dist ausement
Comme très fors outréément.
Cis nons *Ogier* nous senefie
Qu'il fu *legiers* en bonne vie.
Cis nons *Namlon* dist autresi
Comme *amis* Dieu . . . . .

Tristant, Tristrant, welcher Name keltisch ist (von *trystio* schallen, donnern) und eigentlich der „*Schallende, Donnernde*" bedeutet, wurde im Mittelalter häufig mit lat. *tristis* zusammengestellt: z. B. La royne acoucha d'un filz qui ot à non Jehan; et l'apelloit l'on *Tristant* pour la grant douleur là où il fu né. (Joinville, ed. N. de Wally, S. 269.) In dem französischen Prosaroman von Tristan sagt die sterbende Mutter:

---

1) Vgl. Génin, Variations du langage franç. S. 396—99; Palmer a. a. O. S. 526.
2) Vgl. Pogatscher a. a. O. S. 34.
3) Z. B. B. de Seboure XI 331.
4) Vgl. G. Paris, Hist. poét. 409 und sonst.

Triste vins icy, *triste* acouche et en *tristeur* je t'ay eu, et la premiere feste que je t'ay faicte a este en *tristesse* et pour toy me mourray *triste*, et quant par *tristeur* es venu en terre, tu auras nom *Tristan* (Tristan, chevalier de la table ronde, I, fol. 20, Spalte 3). Auch in englischen und deutschen Romanen finden sich solche Anspielungen¹). Hiermit zusammen zu stellen ist das Wort *Brut*, welches auf kymbrisch *Geschichte*, *Chronik* bedeutet. Die Bezeichnung *Roman de Brut*, wobei man an jenen *Brutus* dachte, von dem die Briten abstammen sollen, ist also unstatthaft²).

Ein interessantes Beispiel von Wappenetymologie ist in dem Wappen des Dichters *Racine* (*radicina*). Die Vorfahren des Dichters führten auf ihrem Wappen eine Ratte und einen Schwan (also man zerlegte den Namen *Racine* in *rat cygne*); erst der Dichter liess die abscheuliche Ratte fort und behielt den Schwan bei³). Eine ähnliche Umdeutung liegt vor bei dem Wappen der Stadt *Valenciennes*, welches irrtümlicherweise einen Schwan führt, da man *ciennes* in Valen*ciennes* (villa Valentiana) als *cygne* ansah. Umgekehrt verschwand der Schwan in *Chevalier au Cygne* (Schwanenritter), wo man *Cygne* später für absurd hielt und in *Signe* (*Signum*) umdeutete. Hierdurch kommt es vielleicht, dass der Kreuzfahrer (*cruce signatus*) Gotfried von Bouillon als Nachkomme des Schwanenritters angesehen wird⁴). *Guillaume d'Orange* erhielt den Beinamen *au cort-nez* (mit der kurzen Nase) daher, weil ihm einst im Kampfe ein Stück von der Nase abgeschlagen wurde. Die Nachkommen desselben hielten die Bezeichnung für unstatthaft und nahmen ein Hörnchen (*cornet*) in ihr Wappen auf. *John d'Estampes*, der 1328 im Alter von 300 Jahren in Frankreich gestorben sein soll, wird später mit Bezug auf sein hohes Alter *John du Temps* genannt⁵).

Die Namen verschiedener Schutzpatrone und Heiligen werden oft mit Bezug auf nahe liegende Begriffe angerufen und verdreht; so macht *S. Claire* hell sehen, *S. Claude* heilt Hinkende (*claudication* das Hinken), *S. Liénard* befreit (*délie*) zusammengewachsene Kinder oder Gefangene;

---

1) Näheres hierüber siehe bei W. Hertz, Tristan und Isolde, Stuttgart 1877, S. 548. Jahrbuch für rom. u. engl. Lit. IX 40. Palmer, Folk-Etymology S. 563. Tristan, ed. Fr. Michel I S. 83 Einleitung und II S. 119 V. 616.
2) Vgl. ten Brink, Engl. Literaturgesch. S. 176.
3) Génin, Variations S. 17.
4) Moland, Orig. litt. S. 311.
5) Palmer a. a. O. S. 561.

S. Lucie heilt Blinde und *S. Mammaire* (*S. Mammertus*) ist Schutzpatron der Ammen (wegen *mammaire* weibliche Brust)[1]).

Die appellative Verwendung von *Nicodème, Nicolas, Guillaume* für „Dummkopf, Tölpel, Tropf" scheinen Wörter wie *nigaud*, resp. *guiller* bewirkt zu haben. Scherzhaft zerlegt man *Nicolas* in *nid - coq - lac*:

> Or de ces *nids*, de ces *coqs*, de ces *lacs*
> L'amour a formé *Ni - co - las*[2]).

Der Beiname des Prinzen Jérôme Napoléon, *Plon - Plon*, wird darauf zurückgeführt, dass derselbe bei seiner Teilnahme am Krimfeldzuge beständig *plomb! plomb!* (Blei) gewittert habe; wahrscheinlicher lautet jedoch die Angabe, dass der Prinz in seiner Jugend sich selbst *Plon-Plon* (= *Napoléon*) genannt habe, und dass sein Oheim, der König von Württemberg, ihn oft so gerufen habe[1]).

Bei Aufstellung der Bildsäule des *Vercingetorix* bei Alise-Sainte-Reine bekreuzten sich die Bauern vor diesem neuen Heiligen *Saint-Gétorix*[3]). Der Beherrscher Persiens wurde bei seinem Aufenthalt in Brüssel auf den Strassen mit *miau* begrüsst, was auf dem Gleichklange von pers. *chah* (König) und frz. *chat* (Katze) beruht; ebenso soll *Wellington* von den Franzosen *Vilainton* genannt worden sein[4]). *Gambetta* hiess in den franz. Zeitungen anfangs *Grandbetta*, nach seinem Sturze aber *Grandbêta*. Der preussische Präfekt *v. Braunschitsch* galt dem Volke in dem letzten Kriege als *M. Bronchite*[3]). Die verbündeten *Russen, Oesterreicher* und *Preussen* hiessen 1815 bei ihrem Einzuge in Paris *les rustres, les autres chiens et les plus chiens*[3]).

Persönliche Begriffe.

Man hat angenommen, dass ital. *caporale*, aus welchem man frz. *caporal* bildete, nicht von *capo* (Kopf) stamme, sondern als Entstellung von lat. *corpus* anzusehen sei[5]). Es scheint jedoch, da das Wort auch im asp. als *caboral, caporal* vorkommt, die Herleitung des Wortes aus *caput* die richtige zu sein, während die frz. dialektische Form *corporal*, sowie das dtsch. *Korporal* als Entstellungen zu betrachten sind. Hält man jedoch an der Ableitung aus lat. *corpus* fest, so wäre im ital. und

---

1) Andresen S. 37.
2) Vgl. Andresen S. 31; Génin, Variat. S. 65.
3) Vgl. Andresen a. a. O. S. 36.
4) Vgl. Andresen a. a. O. S. 35.
5) Andresen S. 168; Littré, Dict. s. v.

sp. eine frühe Anlehnung an *caput* anzunehmen. *Mandarin*, Titel der Offiziere in China, bringt man mit Unrecht mit *mander* zusammen, höchst wahrscheinlich ist das Wort eine Entstellung des indischen *mantrim*[1]). Das aus dem span. *alguacil* entstellte frz. *argousin* (Galeerenaufseher) scheint seine Bedeutung und Form in Anlehnung an lat. *argis* erhalten zu haben. Neben *palefrenier* (Stallknecht) findet sich volkstümlich, begünstigt durch die Metathesis *re* in *er*, die an *fermier* angelehnte Form *palefermier*. *Trucheman, truchement* (Dragoman) dürfte an Wörter wie *truche, trucher* u. s. w. erinnern[2]). *Mouchard* (Spion) wird verschiedentlich mit *mouche* (Fliege) zusammengebracht, auch hat *mouche* die Bedeutung „Spion" angenommen; Mézeray sagt jedoch, dass der Name von einem gewissen *Mouchy*, einem Theologen und Inquisitor des 16. Jhd., stamme, dessen Spione sich *mouchards* nannten[3]). *Faon* (Hirschkalb, früher das *Junge* überhaupt) wurde in der alten Sprache zweisilbig gesprochen; dass man im 16. Jhd. *fant* schrieb, beruht auf einer Anlehnung an *enfant*[4]). Die Mitglieder des Rats vom 10. Dezember nannte man von 1849 — 52 *décembraillards*, um an *braillard* (Schreier, Grossprahler) zu erinnern[5]). Ebenso werden die Radikalen in Frankreich von ihren Gegnern *radicaille* genannt, wo das Suffix -*aille* eine verschlechternde Bedeutung hat wie in *racaille, canaille* u. s. w.[6]). Der Name des Erlösers und als öfteres Beiwort Gottes ist *roi - amant* (liebender König) im Altfranzösischen. Tobler hat im Aubri zuerst darauf aufmerksam gemacht, dass wir es hier keineswegs mit *roi* + *amant* zu thun haben, dass die Form vielmehr folgendermassen entstanden ist: *roiamant - raiement - raement - reement - redimentem*, von *redimere*[7]). Ein jetzt veraltetes und nur noch in der Rechtssprache vorkommendes *mainbour* enthält eine deutliche Anlehnung an *main* (Hand). Das Wort stammt aber aus dem Deutschen, ahd. *muntboro*, mlat. *mundiburdis*, von *munt* (Schutz) + *beran* (tragen). Cotgrave führt noch 2 Substantiva an, die von *mainbour* abgeleitet sind, nämlich *main-bonne* und *main-bournie*, welche er mit „ward, government, power" u. s. w. übersetzt. Hierher gehört auch das afrz. vb. *mainbournir*. Eine

---

1) Littré, Dict. s. v.
2) Pogatscher a. a. O. S. 34.
3) Vgl. Littré, Dict. s. v.
4) Vgl. Diez, Wb. S. 580 ff.; Littré II 1618.
5) Darmesteter, Mots nouv. S. 90.
6) Darmesteter, Mots nouv. S. 85.
7) Vgl. Tobler, Mittheilungen aus afrz. Handschriften I S. 266; Schröder, Glaube u. Aberglaube in d. afrz. Dichtungen, Erlangen 1886, S. 8.

ähnliche Entstellung vom ahd. *munt* findet sich im it. *mano - valdo* = *monovaldo* = *mondualdo* = ahd. *muntwald*[1]). Das Substantiv *lendore* (Schlafmütze, träger Mensch), vb. norm. *lendorer* wird mit *il endort* gedeutet. Das Afrz. hat aber richtiger *lendreux*, welches aus mhd. *lentern*, ndl. *lenteren* (langsam gehen, schlendern) stammt. Eine noch deutlichere Umdeutung mit *il endort* hat das pic. *lendormi* mit agglutiniertem Artikel[2]). Unter *Longis* (*Longin*) versteht man jetzt einen „langsamen Menschen, einen Trödler". Im Mittelalter war *Longinus* der Kriegsknecht, der Christi Seite durchbohrte und gläubig wurde. Fast in allen mittelalterlichen Dichtungen finden sich Anspielungen auf *Longinus*[3]). Seine heutige Bedeutung der *Lange*, *Langsame* erhielt das Wort, weil man an *long* dachte.

Cordonnier (Schuster) entstand aus ursprünglichem *cordouanier* (noch bei Cotgrave; it. *cordovaniere*) und bedeutet also einen, der Leder von *Cordova* bearbeitet. Später formte man das Wort nach *cordon*, *cordonner* um. Ein neueres aus dem dtsch. *Säufer* gebildetes *soiffeur* enthält deutlich eine Anlehnung an *soif*, wie man auch umgekehrt das *f* in *soif* (*sitis*) durch Einfluss des dtsch. *saufen* erklärt hat, was nicht statthaft ist[4]). Ganz falsch zerlegte man sich den Namen *Fier-à-bras* (Prahlhans); in der alten Sprache ist *Fierabras* ein wilder Heide und Held in einem gleichnamigen pr. u. afrz. Gedichte. Man vermutet in *huguenot* eine Entstellung aus dtsch. *Eidgenosse*, die Etymologie bleibt trotzdem dunkel und zweifelhaft. An Deutungen hat es seit dem Auftauchen des Wortes (16. Jhd.) nicht gefehlt. Aus den vielen hier nur wenige. Nach Einigen rührt der Name daher, weil die Hugenotten des Nachts heimlich zu ihren Versammlungen schlichen gleich dem Gespenste des Königs *Hugo*, welches des Nachts in den Strassen von Tours wandeln sollte; nach Anderen hielten dieselben ihre Zusammenkünfte in dem *tour de Hugon*, Andere dachten an *les guenons de Hus*[5]). Scherzhaft nennt man in Paris den Theaterregisseur *amandier* (Mandelbaum), weil er die Strafgelder (*amendes*) einzuziehen hat[6]). *Fortvêtu*

---

1) Vgl. Diez, Etym. Wb. S. 385, 631.
2) Vgl. Diez, Etym. Wb. S. 625; Andresen S. 33.
3) Vgl. Gautier de Coincy ed. Poquet, S. 86 Anm. 3; Hampson, Medii aevi Calendarium, Bd. II 250.
4) Vgl. Zs. f. rom. Phil. II 459 ff.
5) Näheres über dies Wort sehe man bei: Littré, Dictionnaire II 2058 ff. — Supplément S. 191; Ménage, Dict. étym., Paris 1750, Bd. II S. 51 ff.; L. Lalanne, Dict. hist. d. l. France S. 1005.
6) Andresen S. 35.

(ein über seinen Stand gekleideter Mensch) schreibt man richtiger *forvêtu*, da nicht *fort* (*fortis*), sondern *fors* (*hors*) zu Grunde liegt [1]).

Président zerlegte man oft ironisch in *Brechedent* (Brich den Zahn; Cotgrave) und für *licencié* schreibt Rabelais *lict sans ciel*. *Complimenteur* zerlegt man scherzhaft in *Compli menteur* [2]). In *arrière - ban* (Landsturm) ist der erste Teil nicht identisch mit *arrière* (*ad retro*), das Wort ist vielmehr entstellt aus fränk.-lat. *haribannum*, dtsch. *heerbann* [3]). In dem Kriege von 1870/71 pflegte man die deutsche „*Landwehr*" „*Langues vertes*" zu nennen, sonst pflegt man mit *langue verte* das Pariser Argot zu bezeichnen [4]).

Tierreich.

Einer Pariserin wurde im Jardin des Plantes ein *Orang-outang* gezeigt, sie verstand den Namen aber als *rat dégoûtant* [5]). Ein scheinbares *boule* (Kugel) liegt in *bouledogue*, welches man sich als *chien à boule, à grosse tête ronde* erklärt, während das Wort in der That eine falsche Uebersetzung von engl. *bulldog* ist, wo *bull* „*Stier*" bedeutet. *Cimier* (Ziemer) und *guilledin* (Wallach) sind beide aus fremden Sprachen entlehnt und an einheimische, ähnlich klingende Wörter angeglichen; *cimier* ist das dtsch. *Ziemer*, dem *guilledin* liegt das engl. *gelding* zu Grunde, welches man an Wörter wie *guiller, guilleret* u. s. w. anlehnte.

Man ist geneigt, in *chat - huant* (Eule) eine *höhnende Katze* zu sehen, doch wahrscheinlich ist dies Wort eine Umdeutung aus *chouan*, welches aus dem auf das dtsch. *kauz* zurückgehende mlt. *cawannus* entstanden ist [6]). Die Umdeutung ging um so leichter vor sich, als der katzenähnliche Kopf der Eule leicht an *chat* erinnerte. Eine ähnliche Entstellung haben wir vielleicht in *chauve - souris* (Fledermaus), eigentlich *kahle Maus*, weil das Tier unbefiederte Flügel hat. Aber Grandgagnage [7]) und Sigart [8]) vermuten darin ein *choue - souris* (Eule-Maus) = eine Maus, die des Nachts wie eine Eule fliegt. Sie führen zur Unterstützung ihrer Vermutung die dialektischen Formen *chawe-sori* u. s. w.

---

1) Littré, Dict. s v.
2) Dict. du bas langage s. v. complimenteur.
3) Vgl. Scheler, Anhang zu Diez' etym. Wb. S. 708; Waltemath, Die fränk. Elemente in der franz. Sprache, Paderborn und Münster 1885, S. 65.
4) Andresen S. 36.
5) Allg. Ztg. 1880 S. 3330.
6) Diez, Etym. Wb. S. 547.
7) Dict. étym. d. l. Langue Wallonne I 154.
8) Glossaire Montois S. 119.

an, da *chawe* z. B. im wallon. *Eule* bedeutet[1]). Ein volkstümlicher Name des *Kibitz* ist *dix - huit*, eine Benennung, welche man in dem Geschrei des Vogels zu erkennen glaubte[2]). Den französ. Namen für den afrikanischen kleinen Silberreiher, *garde - boeuf*, hält Palmer für eine Entstellung des einheimischen Namens *aboogerdan*. Die Entwicklung wäre dann folgendermassen: mit agglutiniertem Artikel entstand *laboogerdan*, welches man in *la boeuf - garde, garde - boeuf* zerlegte. Wahrscheinlicher erhielt das Tier seinen Namen deshalb, weil es sich viel auf den Weiden zwischen dem Vieh aufhält. Für nfrz. *rossignol* (*lusciniolus*) findet man afrz. häufig *roisegnor* u. s. w., welches ein *roi* + *seigneur* zu sein scheint[3]). *Aigrette* (Reiher) hat den Anschein, als wenn es mit *aigre* (*acer*) zusammenhinge; auch Ménage leitet es davon ab, indem er annimmt, dass der Vogel wegen der „*aigreur*" seiner Stimme so genannt sei. Das Wort ist jedoch desselben Stammes wie nfrz. *héron*, ital. *aghirone*, pr. *aigron* und kommt vom ahd. *heigiro*[4]). Eine volksetymologische Schreibung liegt im nfrz. *autour* (Habicht) statt *otour*, afrz. *ostor*. Das Wort ist gemeinromanisch und lautet im ital. *astore*, asp. *aztor*, nsp., pg. *azor*; gewöhnlich leitet man dasselbe von *astur*, asturischer Vogel, ab, was aber den Lautgesetzen widerspricht; vielmehr ist es von einem volkstümlichen *ucceptor* für *accipiter* abzuleiten, welches letztere man mit Bezug auf das vb. *accipere* in *acceptor* umformte[5]). Unter *effraie* (Schleiereule) versteht man „*celle qui effraie*". Vielleicht haben wir in dem Worte nur eine Umdeutung von *fresaie* zu sehen, welche darauf beruht, dass man den Vogel als ein schlechtes Omen ansah, und weil man glaubte, dass er den Kindern das Blut aussauge. *Fresaie* ist nach Ménage = lat. *praesaga* (scil. avis)[6]). Das *h* in *huppe* entstand aus latein. *upupa* vielleicht unter Einfluss des dtsch. *wiedehopf*[7]). Sehr ansprechend ist die Herleitung von frz. *moineau* (Sperling) aus *moine*, wonach der Vogel *Mönchlein* heissen würde mit Bezug auf die Bibelstelle: *passer* „*solitarius*" *in tecto*, und obgleich auch das it. *monaco*, das sp. *fraile*, das franz. *nonnette* und das dtsch. *dompfaffe* als Vogelnamen gebraucht werden, so sprechen doch etymologische

---

1) Vgl. Diez, Etym. Wb. S. 545.
2) Ein ähnlicher Name des Kibitz ist engl. *peaseweep, peeseweep* u. s. w.
3) Vgl. auch sp. *ruiseñor* (rui = Abkürzung von *Rodrigo*, und *señor* = Herr).
4) Vgl. Diez, Etym. Wb. S. 8.
5) Diez, Etym. Wb. S. 29; J. Tailhan, Romania VIII 609 ff.
6) Vgl. engl. *lichowl*, dtsch. *leichhuhn, totenvogel*, franz. *oiseau de la mort*; Diez, Etym. Wb. S. 588; Palmer a. a. O. S. 472.
7) Vgl. Max Müller, Ueber deutsche Schattirungen rom. Wörter, Zs. f. vgl. Sprachforsch. 5, 11 ff.

Gründe für einen ganz anderen Ursprung. Im afrz. finden sich *moisnel* und *moinel* neben einander; das erstere ist Diminutiv von norm. *moisson* (*moissonel, moissenel, moisnel*) und so eine Ableitung von *musca* (Fliege)[1]). Das dem franz. *alouette* (Lerche) zu Grunde liegende Wort ist *alauda*, welches aus einem gallischen Worte (vergl. bret. *alc'houeder*) entstand und nach *laus laudis* umgeformt wurde, weil die Lerche das Lob des anbrechenden Tages verkünde[2]). Das Wort findet sich auch in den meisten andern rom. Sprachen[3]). Ein ziemlich frz. Gepräge hat das Wort *mésange* (Meise) mit einem abstrakten Suffix wie in *louange*; es ist aber entstellt aus dem ndd. Diminutiv *meeseke* mit eingeschobenem *n*[4]). *Mouette* (Möve) ist ein scheinbares Diminutiv von *moue* (verzogenes Maul), weil das Tier einen Knollen an der unteren Kinnlade hat, doch das Wort kann seine Verwandtschaft mit dem dtsch. *möwe* nicht verleugnen[5]). *Pinson* (Fink) leitet Littré aus dem Keltischen her. Vielfach wurde das Wort mit *pincer* zusammen gebracht, da der Vogel mit dem Schnabel kneift (*pince*). Neben dem gewöhnlichen *roitelet* (Zaunkönig) findet sich eine Nebenform *ratelet*, welche unter Anlehnung an *rat* entstanden ist. In Orléanais heisst der Vogel *ratereau*.

Aigrefin mit der Nebenform *aiglefin* kommt nach Littré in drei verschiedenen Bedeutungen vor: 1) Schellfisch, 2) Gauner, Industrieritter, 3) kleine asiatische Münze. Für die ersten beiden Bedeutungen nimmt Littré eine Etymologie an, indem er das Wort von *aigre - faim* (sehr starker Hunger) ableitet, woraus sich dann die Bedeutungen „ausgehungerter Mensch" (Gauner), „Fisch" entwickelt haben sollten. *Aigrefin* (pg. *xarafim*) in der Bedeutung Münze entstand aus mlat. *seraphi* = pers.-arab. *aschrafî*[6]) (eine kleine goldene Münze), scheinbar aus *aschraf* (sehr berühmt) stammend. Scheler dagegen (W. de Couvin XXII 214) sieht in *aigrefin* (Schellfisch) eine Entstellung von *esclefin*, welches in einem kleinen frz.-fläm. Conversationsbuche des 14. Jhd. (ed. H. v. Fallersleben, Hor. Belg. IX.) mit *scelfisch* übersetzt wird. Das franz. *rétoile* (echter Walfisch) geht auf engl. *right-whale* zurück[7]). Der für „Keller-

---

1) Diez, Etym. Wb. S. 641; Littré III 590 ff.; Robin, Dict. du Patois Normand., S. 274 ff.
2) Vgl. z. B. Neckam (De Naturis Rerum, L. I Cap. 68): *Alauda a laude diei nomen sortita est.*
3) Diez, Etym. Wb. S. 13.
4) Diez, Etym. Wb. S. 638.
5) Diez, Etym. Wb. S. 644.
6) Dozy - Engelmann, glossaire des mots espagnols et portugais dérivés de l'Arabe² 353.
7) Littré IV 1688.

assel" gebräuchliche Name *cloporte* ist entstellt aus *cloporque* (*porca clusibilis*), d. i. ein Tier, welches sich schliesst, indem es sich zusammenrollt. Auch sonst wird das Tier als *porc* bezeichnet, z. B. lang. *pourcelet*, ital. *porcelletto*. Daneben findet sich in der franz. Volkssprache die Umformung *clou - à - porte* [1]). *Cloporte* in der Bedeutung *Portier* ist eine Neubildung und bedeutet selbstverständlich *clot - porte*. In dem zweiten Teile von *porc-épic* (Stachelschwein) könnte man eine alte Form von *épi* — pr. *espic* sehen, indem man die Stacheln des Tieres mit einer Kornähre verglichen hätte. Allein die anderen roman. Sprachen weisen auf eine Ableitung von *spina* (Dorn) [z. B. it. *porcospino*, auch *porco spinoso*; sp. *puerco espin*], und da das Tier in Frankreich nicht heimisch ist, so ist man um so leichter berechtigt, eine Entstellung anzunehmen, da *porc-épin* keinen Sinn gegeben hätte [2]). In den Dialekten und in der Volkssprache finden sich auch die Formen *porte - épine* und *porte - pics*.

Escargot (Schnecke) scheint in Frankreich als typischer Ausdruck für einen Wächter angesehen worden zu sein, vielleicht geschah dies durch eine Verwechselung von afrz. *eschargaite* (nfrz. *échauguette*) und *escargot*. Vgl. Palmer, welcher sich auf Nisard, Histoire des Livres populaires I 117 beruft. Nisard nimmt hier sogar an, dass beide Wörter etymologisch identisch seien. In *oursin* (Seeigel) haben wir eine Assimilation an *oursin* (bärenartig); das Wort ist das lat. *ericionem* (vgl. wallon. *ureçon*, pg. *ouriço*) [3]).

Pflanzenreich.

Reinette, eine Apfelsorte, wird vielfach als Ableitung von *reine* (Königin) angesehen, während es wahrscheinlich ein Diminutiv von *raine* (Frosch) ist, da die Schaale des Apfels wie die Haut eines kleinen Frosches gefleckt ist [4]). Ein kurzstieliger Apfel *capendu*, bei Nicot auch *carpendu* genannt, heisst jetzt häufig *court - pendu* [5]). *Bon - chrétien* (Christbirne) erklärt man gewöhnlich als eine Entstellung des griech. πάγχρηστος. Ch. Nodier (exam. crit.) jedoch und Andere behaupten, dass die Birne nach dem ersten Gärtner, der sie baute, benannt worden sei [6]). Die gewöhnlich unter dem Namen *cras(s)ane, cressane* bekannte

---

1) Dict. du bas langage.
2) Diez, Etym. Wb. S. 660.
3) Palmer a. a. O. 494.
4) Littré, IV 1571.
5) Vgl. Darmesteter, Mots comp. S. 113.
6) Vgl. Rabelais, Gargantua und Pantagruel IV 5; Scheler, Dict. d'étym. S. 86.

Birne nennt das Volk meistens *creusane*[1]). Eine von einem Herrn Jean vielleicht eingeführte und nach ihm benannte Birne heisst *poire de misser* (in Genf *messire*)-*Jean*, die gewöhnliche Aussprache und volkstümliche Schreibung ist jedoch *poires de mi-sergent*[2]). *Guigne* (kleine Süsskirsche), afrz. *guisne*, welches Cotgrave als von *Guyenne* herstammend bezeichnet, leitet sich ohne Schwierigkeit von dtsch. *weichsel*, ahd. *wihseld* ab. *Mirabelle*, eine Art Pflaume, sp. *mirabel*, ital. *mirabella* (gleichsam die „wunderbar schöne") ist entstellt aus dem korrekteren *myrobalan*. *Brugnon*, eine dunkle Pfirsichart, Blutpfirsich, hat zwar dieselbe Abstammung wie *prune* aus lat. *pruna*, allein der Uebergang von *p* in *b* wurde wohl durch Assimilation an das Adject. *brun* (braun) bewirkt. Aehnlich das sp. *bruno* = wilde schwarze Pflaume[3]). Von dem aus dem Orientalischen stammenden mlat. *arangia* bildete man *orange* mit offenbarer Anlehnung an *or* (aurum) wegen der goldgelben Farbe der Frucht. Zu vergleichen ist das von Göthe gebrauchte *Goldorangen*[4]). Aus dem dtsch. *buchweizen* machten die Franzosen *beaucuit* (engl. *buckwheat*), *bucail* und wallon. *bouquette* (= fläm. *boekweyt*). In *flageolet* (kl. weisse Bohne) aus *phaseolus* schob man fälschlich ein *l* ein in Anlehnung an *flugeolet* (Flöte). *Réglisse* (Süssholzwurzel), pr. *regulecia regalicia*, sp. pg. *regaliz*, it. *regolizia, legorizia* lautend, ist von seinem Etymon in der Form bedeutend abgewichen. Alle stammen aus einer lat. Form *liquiritia*, welches aus gr. γλυκύρριζα unter Anlehnung an *liqu(ere)* gebildet wurde[7]). Bei der peruanischen Pflanze *salsepareille* (*Sarza parilla*) drängt sich im ersten Teile die Vorstellung von etwas Salzigem auf, und der zweite Teil erinnert an das Adj. *pareil*. Im 16. Jhd. hiess die Pflanze *salseparille*. Die jetzt als *mandragore* und *main de gloire* bekannte Pflanze hiess afrz. bis zum 16. Jhd. meist *mandegloire*[5]). Wenn man die Wurzel dieser Pflanze (des Alrauns), die Aehnlichkeit mit einer menschlichen Figur hat, hegt und pflegt, so bekommt man Glück; *mandegloire* bedeutet also „entbietet Glück, bringt Ruhm". Daraus machte man nfrz. *main de gloire*[6]). *Filasse* (Flachs, Hanf) ist vielleicht nicht von *fil* (Faden) herzuleiten, sondern entstand aus dtsch. *flachs*. Für *aubépine* (*alba spina*) sagt das Volk gewöhnlich *noble épine*[1]). In dem unter dem

---

1) Dict. du bas langage.
2) Génin, Récr. phil. I 225.
3) Andresen S. 30; M. Müller, Zs. f. vgl. Sprachforsch. V 15.
4) Andresen S. 31.
5) Z. B. Floire u. Blfl. ed. Bekker v. 244.
6) Vgl. Littré, Dictionnaire s. v.
7) Vgl. Diez, Etym. Wb. S. 267.

Namen *bourg(ue)-épine* (Kreuzdorn) bekannten Strauche hat das erste Glied nichts mit *bourg* (*burgus*) zu schaffen, wie Littré meint, es ist das Radikal von *bourgène*, auch *bourdaine* genannt[1]). Schwerlich erkennt man in *érable* (*acer-arbor*) das lat. Wort *arbor* wieder, welches hier die Gestalt des bekannten Suffixes hat. *Aigremoine* (Odermennig), wörtlich „saurer Mönch", entsprang aus mlat. *agrimonia*, welches vielleicht aus gr. ἀργεμώνη entstellt wurde[2]). Das Wort *alénois*, welches sich meist in der Zusammensetzung *cresson-alénois* (Gartenkresse) findet, hat den Anschein, als wenn es von *alêne* (pfriemförmiges Blatt) käme. Littré und Andere sehen darin jedoch eine Umdeutung von *orlénois*, da die Pflanze aus *Orléans* stamme. In der Volkssprache legt man sich das Wort als *cresson à la noix* zurecht[3]).

Desselben Ursprungs wie das dtsch. *Aglei* ist das franz. *ancolie*; beide Wörter stammen aus dem latein. *aquilegia*. *Ancolie* bildete sich wohl unter Anlehnung an *mélancolie*, wie denn auch diese Pflanze oft als Sinnbild der Melancholie gebraucht wird, und sich *ancolie* oft unter der Form *melencolie* findet (z. B. Chansons du XV⁰ siècle). Wie aus dem lat. *foenum graecum* ein *fénu grec* entstand, so bildete man umgekehrt aus dem franz. *angrec* (eine Art Orchidee), welches dem malayischen *angreq* entstammt, einen botanischen Namen *angraecum*[4]). *Arroche* (Melde), aus *utriplex* entstanden, erinnert an *roche*. Neben *spic* findet sich für „Lawendel" auch der Name *aspic*, indem man die lanzettenförmigen Blätter desselben mit einer Schlange verglich[5]). In der alten Sprache und noch heute in den wallon. Mundarten sagt man *benjamine*, *beljamine* statt *balsamine*, und das lat. *chrysanthemum* (frz. *chrysanthème*) formte man um in *christiane*[6]). Identisch mit dem frz. *aurone* (*abrotonum*), welches also nichts mit *aurum* zu thun hat, ist das wallon. *ivrogne*[7]). *Rose d'outre mer* findet sich auch in der Umformung *rose trémière*. Ein Diminutiv wie *cochet*, *sachet*, *mollet* scheint *gaillet* (= *caille-lait*, Labkraut) zu sein; der ursprüngliche Name *caille-lait* beruht auf dem Glauben, dass die Milch gerinnen würde, wenn das Vieh dieses Kraut frässe. Aus dem gr.-lat. *chamaedrys* formte man das frz. *germandrée* (pr. sp. *germandrea*, it. *calamandro*) um[8]). *Glouteron* (Klette),

---

1) Vgl. Darmesteter, Mots comp. S. 120.
2) Vgl. Skeat, Etym. Dict. S. 776.
3) Chevallet a. a. O. S. 177.
4) Vgl. Devic, Dict. étym. des mots d'origine orientale S. 10.
5) Vgl. Littré I 211 s. v. aspic 2.
6) Vgl. Sigart, Dict. Mont. S. 125.
7) Sigart a. a. O. S. 214.
8) Ueber die deutsche Umformung „Gamander" vgl. Andresen S. 193.

afrz. *gleteron*, hat seinen Ursprung im dtsch. *Klette*; die Verschiebung der Tenuis zur Media geschah vielleicht durch Einfluss von *glouton*¹). *Pâquerette* (Gänseblümchen) heisst nicht so, weil es vielleicht um Ostern (*pâques*) blüht (es blüht fast das ganze Jahr hindurch), sondern es hat daher seinen Namen, dass es auf Weiden (*pâture, pâquis*) steht²). Neben *parelle* (*paratella*), Gemüseampfer, kommt auch die Angleichung an das Adj. *pareil* (*pareille*) vor. *Patience* (Patienzienkraut) ist nach Littré eine Entstellung des dtsch. *Pattich*, lat. *lapathium*; alsdann wäre die lat. Benennung *patientia* erst aus dem franz. herübergenommen. Neben dem richtigen *porreau* (*porrellum*) findet sich auch die an *poire* angelehnte Form *poireau*. Der Uebergang von *porreau* zu *poireau* war um so leichter, als die Knollen des Lauches die Gestalt einer Birne haben.

Mineralreich.

Aus dem dritten Naturreiche möchte ich zunächst den Magnet anführen, *aimant* (afrz. *aïmant*, sp. *iman*), welcher der Form nach vollständig mit *aimant-aimer* zusammenfällt. Das Wort wurde auch, ebenso wie lat. *adamantem* mit *adamare*, mit *aimer* häufig in Verbindung gebracht, weil der Magnet das Eisen anzieht und die Magnetnadel beständig nach Norden zeigt³). In *potasse* (= dtsch. *pott-asche*) scheint das bekannte Suffix -*asse* enthalten zu sein. Ein ebenfalls aus dem dtsch. entnommenes Wort ist *couperose* (Vitriol) = dtsch. *Kupferasche*. Darmesteter, m. c. S. 231 sagt darüber: „qui rappelle de loin le mot allemand et présente à l'esprit je ne sais quelle image de cristaux *taillés* à teinte *rosée*". Für den Kalkstein, *pierre de liais*, sagt das Volk *pierre de lierre*⁴). Ueber den Ursprung des Namens *antimoine* (wörtl. *Gegenmönch*) herrschen verschiedene Ansichten. Furetière erzählt, dass ein deutscher Mönch Valentine diesen Stoff angewendet habe, um seine Genossen zu mästen; er habe sie dadurch aber alle getötet. Diese Geschichte wurde nur erfunden, um das Wort zu erklären. Von Einigen wird das Wort aus gr. ἀντί + μόνος hergeleitet, da das Metall sich niemals allein befindet, Andere leiten es aus ἀντιμένειν, weil es den Körper kräftige. Mahn und ebenso Littré und Devic halten das Wort für eine Entstellung des arab. *ithmid*⁵).

---

1) Vgl. Scheler, Dict. d'étym. S. 219; Waltemath, fränk. Elemente S. 98.
2) Vgl. Palmer S. 495.
3) Vgl. Palmer a. a. O. S. 459. S. auch noch Rom. 5, 143 A. 4.
4) Chevallet a. a. O. S. 177.
5) Vgl. Ménage, Dict. I 67; Littré, Dict. I 156; Devic, Supplément au Dict. de Littré S. 10; Lam, arabic dictionary 352².

In *vert-de-gris* (Grünspan) hat *gris* (grau) keinen Sinn. Im 13. Jhd. findet sich die Form *verte grez*, welche Littré als eine Entstellung von *vert aigret* ansieht („*le vert produit par l'aigret*"). Andere halten *verte grez* für eine Nebenform von dem bei Cotgrave belegten *verderis*, welches sie von *viride aeris* ableiten [1]). Volkstümliche Entstellungen sind *la carbonade* (kohlensaures Salz) und *mitraille d'argent* (salpetersaures Silber) statt *le carbonate* und *nitrate d'argent* [2]).

Naturerscheinungen.

Dass neben *abat* (Platzregen, von *abattre*) auch *abas* vorkommt, hat darin seinen Grund, dass man sich das Wort in *à* + *bas* zerlegte. Der Form nach scheint *bluette* (Fünkchen) ein Diminutiv von *bleu* zu sein, wie *bluet* blaue Kornblume; die afrz. Formen *beluette*, *berluette* weisen auf eine Zusammensetzung von *lux* mit der roman. Partikel *bis*, so dass das Wort eigentlich „schlechtes, schwaches Licht" bedeuten würde. Im wallon. entstellte man das Wort in *biblette*. Vgl. it. *barlume*, sp. *vislumbre*[3]). Das Sankt-Elmsfeuer kennt man in Frankreich unter dem Namen *feu de Sainte-Hélène* [4]). In einigen Provinzen Frankreichs heisst die „wilde Jagd" *la Chasse Hérode* (vielleicht verdreht aus *Hrôdso*, Beiname Odins) mit Bezug auf den unschuldigen Kindermord des Herodes in Aegypten [5]).

Der menschliche Leib, Krankheiten und Heilmittel.

Bei Cotgrave ist *alouette de la gorge* (Luftröhrenzäpfchen) belegt, ein Wort, welches jetzt ausser Gebrauch gekommen ist und wofür man *luette* oder veraltet *uvule* sagt. Alle drei Wörter haben jedenfalls in dem lat. *uva* ihren Ursprung, in Bezug auf die traubenförmige Gestalt des Zäpfchens. *Luette* ist Dimin. von *uva* mit vorgesetztem Artikel, daraus entstand *aluette*, *alouette* mit Angleichung an *alouette* (Lerche) [6]). Dass *palais* Gaumen nicht aus *palatum* entspringen konnte ist klar. Afrz. *palais* (*palatium*) bedeutet ein gewölbtes, zu Festlichkeiten bestimmtes Gebäude, und so nannte man denn nicht unpassend den Gaumen „das Gewölbe des Mundes" (*paluis de la bouche*), wie umgekehrt

---

1) Andresen S. 30; Littré, Dict. s. v.; Skeat, Etym. Dict. S. 683; E. Müller, Etym. Wb. II 513.
2) Darmesteter, Mots nouv. S. 176.
3) Diez, Etym. Wb. S. 520.
4) Littré, Dict. II 2000.
5) Vgl Palmer a. a. O. S. 481; Zs. f. Völkerpsych. V 244.
6) Palmer a. a. O. S. 459; Diez, Etym. Wb. S. 630.

Ennius *coeli palatum* für Gewölbe des Himmels gebraucht [1]). Das Brustbein, welches in der Schriftsprache *brechet* heisst, nennt das Volk meist *brochet* (Hecht) [2]). Neben *faux-du-corps* (Weichen) finden sich die Formen *fois de corps, foi de corps, fond de corps, fort du corps, fais du corps* und *faut-de-corps*, welches letztere Littré für das richtige hält [3]). *Foie*, die Leber, wurde öfter mit *foyer* zusammen gebracht, weil man sie als den Sitz des Lebens ansah; doch *foie* entstand wie das it. *fécato*, sp. *hígado* aus dem lat. *ficatum* [4]). *Agacin* (Hühnerauge) und *agacer* (reizen) hängen scheinbar der Form und dem Sinne nach zusammen; beide stammen auch aus dem Deutschen, aber aus zwei ganz verschiedenen Wörtern. Das erste ist eine Ableitung von *agace, agasse*, welchem das ahd. *agalstra*, nhd. *Elster* (vergl. Elsterauge) zu Grunde liegt, während die Grundform des zweiten ein ahd. vb. *hatzjan* ist [5]). Die anlautende Tenuis in *cangrène* (eine Krankheit, Brand) aus *gangraena* (gr. γάγγραινα) ist wohl durch Einwirkung des lat. *cancer* (Krebs) entstanden. Dem zweiten Teile von *faim-valle* (Fresskrampf) liegt ein breton. *gwall* (schlecht) zu Grunde; daneben finden sich die entstellten Formen *faim-galle, faim-calle, fraim-galle, fringale* [6]). Scheinbar zwei Adjectiva hat man in dem subst. *roux-vieux*, welche Schreibung neben *rouvieux* vorkommt; als Etymon bietet sich jedoch das dtsch. *rufe*, holl. *rofe* dar [7]). Das aus dem griech. entstandene *laudanum* (Opium-Tinktur) zerlegte sich das Volk in *lait d'ânon* (Eselsmilch) [8]). *Huile de ricin* (Ricinusöl) nennt man volkstümlich *huile d'Henri cinq* [9]). Für *blanc-Rhasis* (Bleiweiss, Brandsalbe) sagt man gewöhnlich *blanc-raisin* (weisse Traube). Der Stoff wurde benannt nach Râzî (auch Rhazes, Rhazis, Rhases genannt), einem arab. Arzte aus dem zehnten Jhd., der dies Heilmittel zuerst anwandte. Für „eau de mélisse" sagt das Volk gewöhnlich „eau de *milice*" [2]).

Waffen, Ausrüstung, Instrumente.

Armet (Helm, Pickelhaube) wird als Diminutiv von *arme* angesehen und würde so die Bewaffnung des Kopfes bedeuten. Doch schon Ménage

---

1) Vgl. Diez a. a. O. S. 653.
2) Dict. du bas langage.
3) Vgl. Ménage a. a. O. I 603 ff.; Littré, Dict. I 1631.
4) Littré, Ét. et Gl. S. 124.
5) Vgl. Diez, Etym. Wb. S. 8, 159; Scheler, Dict. d'étym. franç. S. 10.
6) Littré, Dict. I 1597; Scheler, Dict. d'étym franç. S. 183.
7) Scheler, a. a. O. S. 402.
8) Darmesteter, Mots nouv. S. 176.
9) Andresen S. 36.

sah darin das afrz. *healmet* (sp. *almete*), welches ein Diminutiv von afrz. *healme, helme, halme*, nfrz. *heaume* ist. Diez und Scheler stimmen ihm bei, während Littré an *arme* festhält, da das Wort erst seit dem 16. Jhd. belegt ist. Aus dem alten *acesmement* (von *acesmer* schmücken) entstand nicht ohne Einfluss von *hache* das heutige *hachement*[1]). *Alumelle* (Schneide, Schwertspitze), afrz. *alemelle*, entstand aus der Verschmelzung von *à* mit *lamelle* (Blättchen). Wenn hier auch nicht gerade, wie Littré meint, eine Angleichung an *allumer* vorliegt (denn auch andere Wörter haben *u* statt *e*, z. B. *chalumeau, jumeau* (*gemellum*), *lutrin* (*lectrinum*), *affubler* (*affibulare*), *buvons* (afrz. *bevons*), afrz. *prumier = premier, frumer = fremer, fermer*, dial. *fumelle = femelle* u. s. w.), so mag sein Klang doch an *allumer* erinnern[1]). Aehnlich ist es mit *fumier*, it. *fumiere*, afrz. *fumier, femier* aus latein. *fimarius* (abgeleitet von *fimus* Mist); vielleicht dachte man hierbei auch an *fumer* (latein. *fumare* rauchen), weil nach längerem Liegen der Mist sich erhitzt und aus demselben Rauch aufsteigt. Der Name des Schwertes, *flamberge*, welches von *flanc* + dtsch. *bergen* abgeleitet wird, ruft jedenfalls die Vorstellung von etwas glänzendem (*flamber, flambe, flamme*) hervor, wie auch im Argot für das Schwert *flamme, flambe* gebraucht wird. *Pertuisane*, eine der Hellebarde ähnliche Waffe, liesse sich der Form nach sehr gut aus *pertuis* (Loch) erklären. Aber in der That liegt hier eine auf *pertuiser* (durchbohren) gestützte Umdeutung aus *partuisane, partisane* vor, indem man dabei an eine durchbohrende Waffe dachte[2]). Die afrz. Nebenformen mit eingeschobenem *r pertruis, pertruiser* enthalten wohl eine Anlehnung an *trou* (Loch). Die Schwerter des Fierabras *Baptisma* und *Florensa* werden in späteren franz. Texten *Bautisme, Beautisme* und *Plorance, Plourance* genannt.

    Das berühmte Pferd Rolands heisst in der Ch. de Roland *Veillantif*, welches von einem aus *vigilans* gebildeten Typus *vigilantivus* abzuleiten ist und das „wachende" bedeuten würde. In späteren Texten finden sich die Formen *Vaillantin, Viellantin, viel-Anti, Viellantu, Viosantis, Viousantis* u. s. w. In den letzteren Formen ist deutlich ein *viel, vios* (alt) zu erkennen; der andere Teil des Wortes, *antin, antis*, würde dieselbe Bedeutung haben, und wir hätten hier einen Pleonasmus vor uns. Reiffenberg ist geneigt, *anti* mit ags. *ent* (Riese) zusammenzubringen; *viel Anti* drückte dann zugleich das Alter und die Grösse des Pferdes aus. Die Form *Vaillantin, Vaillantif*, wie sie später

---

1) Littré, Dict. s. v.
2) Diez, Etym. Wb. s. v. partigiana.

vorkommt, enthält eine deutliche Anlehnung an *vaillant* (tapfer)[1]). *Bauçant*, das Streitross Wilhelms von Orange, modernisierte man in *Beaucéant* mit Angleichung an *beau* + *séant*.

Ob die Franzosen *flamme, flammette* (Lasseisen) und *flamme* (Flamme) für identisch halten, bleibt dahin gestellt; *flamme* als Werkzeug stammt aber jedenfalls aus dem gr.-lat. *phlebotomus* (in die Ader schneidend), wie afrz. *flieme* und pr. *flecme* (st. *fletme*) beweisen. Auch ahd. *fliedima* und nhd. *fliete*, sowie die Geschlechtsnamen *Fliedner, Flittner* stammen daher[2]). Das aus afrz. *araigne, iraigne* entstellte nfrz. *érigne* (Pinzette) wird oft fälschlich von *ériger* abgeleitet, da die Teile, welche operirt werden sollen, damit in die Höhe gehoben werden[3]). Neben *poêlette* (kleine Pfanne, Aderlassbecken) findet sich auch *palette*. Afrz. *regne* (neben *resne*), pr. *regna*, nfrz. *rêne* (zügel) würden dem Sinne und der Form nach sehr gut zu lat. *regnare* passen (auch Raynouard leitete sie davon ab), wenn nicht it. *rédina*, sp. *rienda*, pg. *redea* auf lat. *retina* (vom vb. *retinere*) wiesen[4]). In dem Worte *chantepleure* (Seihtrichter, Abzugsloch) sind zwei deutliche Imperative zu erkennen, von *chanter* und *pleurer*, wovon Ménage das Wort auch ableitet („singt und weint, macht, Tropfen sprühend, ein Geräusch"). Ein *pleurer* giebt Diez zu, vermutet aber in *chante* eine Umdeutung. Scheler hält das Wort für eine Umformung aus *champelure*, während Caix dasselbe, ebenso wie das ital. *cantimplora*, für eine Zusammenziehung von *canna impletoria* hält. Wie die Etymologie auch sein mag, so liegt doch ohne Zweifel eine Umdeutung oder Volksetymologie vor[5]). *Saint graal* wurde früher aus *sang royal* gedeutet; die alten Dichter dachten dabei an das vb. *agréer*: „car nus le *grual* ne verra, ce croi je, qu'il ne li *agrée*" (S. Graal p. p. Michel S. 112)[6]). Im Volke nennt man das gelehrte Wort *diabète* (Vexir-, Tantalus-Becher) *diablette*[7]). *Dame-jeanne* (grosse Flasche, Kolben), wörtlich „Dame Johanne", soll eine Korruption aus arab. *damagan* sein, weil die Gefässe in der persischen Stadt *Damaghan* verfertigt wurden[8]); doch ist der Ursprung des Wortes noch zweifelhaft[9]). Das näher

---

1) Vgl. Ph. Mouskes, Chronique rimée II 119 Einleitung.
2) Andresen S. 29.
3) Palmer a. a. O. S. 474.
4) Vgl. Diez, Etym. Wb. S. 265.
5) Vgl. Diez, Etym. Wb. S. 542; Scheler, Dict. d'étym. S. 86; Caix, Studi S. 15; Andresen S. 33; Tobler, Sitzungsber. der Berl. Ak. der Wiss. 1882 XXVI, S. 545.
6) Vgl. Diez, Wb. S. 601 ff.
7) Darmesteter, Mots nouv. S. 176.
8) Vgl. Littré, Supplément S. 101; Devic, Suppl. au Dict. de Littré S. 31.
9) Vgl. Zs. f. rom. Phil. II 352.

liegende und öfter gebrauchte *inventaire* wird für *éventaire* (Obstkorb) verwendet. Sonderbar ist die Entstellung von *réticule* (kleines Netz) in *ridicule* (Strickbeutel). In *bondieu* (Keil), auch *bon-dieu* geschrieben, haben wir auch wohl eine Umformung zu sehen und nicht *bon + dieu* „wegen des Dienstes, welchen die Keile leisten"; es ist die pik. Form von *bondeau* aus *bonde*[1]). Neben *aplet* (Häringsnetz) findet sich eine erweiterte und an *appeler* angelehnte Form *appelet*. *Goberge* (Pressstange, Leimzwinge) hält Littré für identisch mit *écoperche* mit Assimilation an *goberge* (Kabeljau). Von *fil d'archal* (Eisendraht) findet man oft die volkstümliche Entstellung *fil de Richard*[2]). Das deutsche *Springstock* formte man um in *brin d'estoc*. Man ist geneigt, in dem letzten Teile von *caprification, caprifier* eine Ableitung von *ficare (facere)* zu sehen, wie in *classification* u. s. w.; es ist darin aber eine Form von *ficus* (Feigenbaum) enthalten[3]). Das neben *filigrane* in derselben Bedeutung (Wasserzeichen im Papier) vorkommende *filagramme* scheint durch *gramme* in Wörtern wie *programme, épigramme, monogramme* u. s. w. beeinflusst zu sein. Noch im 14. Jhd. hiess das umgebogene Ende des Hufeisens *esponde* (von *sponda*), später schrieb man *éponge* mit Anlehnung an *éponge* (spongia)[4]). Scheinbar ein Diminutiv von *roue* (*rota* Rad) ist *rouette* (Weide, Weidenband); auch mag *roue* bei der Entwicklung mit eingewirkt haben, indem man bei den gedrehten Weidenzweigen an die Drehungen eines Rades dachte. Littré leitet das Wort auch von *roue* ab, jedoch die Formen it. *ritorta*, pr. *redorta*, afrz. *riorte, reorte, roorte, reote* (mit Tilgung des r vor t) führen auf ein lat. *retorta* (etwas gedrehtes)[5]). Desselben Ursprungs ist *retorte* (Gefäss mit gekrümmtem Halse). Das Suffix -*abre* in *candelabre* (*candelabrum*) formte man in der alten Sprache öfter in -*arbre* (Baum) um (auch *arbre* findet sich häufig als *abre*), so dass man *candelarbre* als einen „Lichtbaum" ansah. Z. B. R. v. Montauban 253, 23: La sunt li *chandelarbre* qui ardent nuit et jor, u. öfter.

Das afrz. *saint* (Glocke), welches kaum in andrer Form vorkommt, könnte man sehr gut von *sanctum* herleiten (weil die Glocken auf Namen von Heiligen getauft wurden), wenn nicht die pr. Formen *sen, senh* lauteten und im mlat. allgemein *signum* für Glocke gebraucht würde. Des heiligen Gebrauches wegen mag also wohl das Wort seine afrz.

---

1) Darmesteter, Mots comp. S. 318.
2) Littré, Dict. I 185.
3) Vgl. Littré, Dict. I 480.
4) Littré, Dict. s. v. éponge 2.
5) Vgl. Scheler, Anhang zu Diez S. 729.

Form erhalten haben. Im Nfrz. hat es sich noch erhalten in der Zusammensetzung *tocsin* (14. Jhd. *toquesaint*)[1]. Das auf das Italienische zurückgehende *Cabriolet* (leichter Wagen) wurde früher im Munde von Pariser Witzlingen scherzhaft als *cabri au lait* zurechtgelegt; ein ganz besonders eleganter Wagen dieser Art hiess *cabri au crème*[2]. Hiermit zu vergleichen wäre etwa die scherzhafte Inschrift *l'abri-cotier*, die, wie im Notre Dame de Paris (V, 1) erzählt wird, der Arzt Coictier unter einen über seiner Hausthür eingeschnitzten Aprikosenbaum (*l'abricotier*) hatte setzen lassen.

Schiffsausdrücke.

In der Sprache der Seeleute sagt man *goguelin* (Klabautermann, Kobold) statt *gobelin* mit wahrscheinlicher Anlehnung an *gogue* (Scherz), welches aus dem Keltischen stammt. Der *Rechner*, holländ. *rekenaar*, heisst dort *renard* (Fuchs)[3]. *Bosseman* entstand aus dem ndd. *boosman*, ndl. *bootsman* und wird geschrieben, als wenn es mit *bosse* (Buckel) u. s. w. zusammenhienge. Eine hübsche Entstellung ist *beaupré* (Mast auf dem Vorderteil des Schiffes) aus dem ndl. *boegspriet*, engl. *bowsprit*. Ebenfalls aus dem holländ., nämlich aus *boeg-zeil*, ist *bourcet* (Fockmast) entstellt. In früherer Zeit nannte man den „Besahnmast" *mât de foule*, weil derselbe dem Winde besonders ausgesetzt ist (abgel. von *fouler* = niedertreten); erst seit 1680 findet sich *mât de fougue* mit offenbarer Assimilation an *la fougue* (Zorn u. s. w.)[4]. Die Welle des Steuerrades heisst *marbre* statt *arbre*[5]. Dass *apôtres* (Bug- od. Klüshölzer) in der Schiffssprache nichts mit den *Aposteln* zu schaffen hat, ist klar; es ist vielleicht eine Entstellung aus dem lat. *apostis*[6]. *Basbord*, welche Schreibung neben *bâbord* vorkommt, zeigt deutlich, dass man sich das engl. Kompositum *backbord* in zwei franz. Wörter zerlegte. In *frein* (die sich brechenden Wogen), welches eigentlich *fraint* oder *freint* geschrieben werden sollte, da es ein Particip von *fraindre* (*frangere*) ist, haben wir scheinbar eine Anlehnung an *frein* (*frenum* Zügel). *Haussière* (Tau), welches Skeat in der 2. Aufl. seines etymol. Wörterbuches als eine Ableitung von *hausser* erkennt, wird oft entstellt in *hansière*. Das auf der venetianischen Insel *Arba* zuerst verfertigte

---

1) Vgl. W. Foerster, Aiol, Anmerk. zu Vers 3607; Scheler, Berte V. 3263.
2) Pogatscher a. a. O. S. 33.
3) Vgl. Littré, s. v.
4) Littré, II 178, s. v. fougue 2.
5) Littré, III 437, s. v. marbre 2.
6) Palmer a. a. O. S. 460.

Segeltuch nannte man *arbascio*; im Französischen heisst dasselbe *herbage* mit Anlehung an *herbe*¹).

Kleidung, Speise, Trank.

Bei *surplis* (Chorhemd) liegt der Gedanke an *pli(s)* (Falte) ziemlich nahe, es stammt aber aus *surpelice* (*superpellicium*), weil das Hemd über dem Pelzkleide getragen wurde²). Für „Maske" bestanden im 16. Jhd. (Cotgrave) die drei Formen *cache-laid*, *cachelet* und *cache-nez*, von denen sich nur das letztere im Nfrz. erhalten hat.

Dass in *pou-de-soie*, *pout-de-soie*, *poult-de-soie* (glanzloser Seidenstoff) eine Umdeutung liegt, ist wohl klar. Schon in dem Wörterbuche von Trévoux wird es als aus *tout-de-soie* entstanden erklärt. Da die engl. Form *padua-soy* lautet, so hält Littré das Wort für eine Umstellung und Umdeutung von *padoue-soie* (Seide aus Padua)³). Mir scheint es unwahrscheinlich, dass *panne* (Felbel, Pelzbesatz) aus *pan* (latein. *pannus*, Tuch) entstanden ist, denn in der alten Sprache finden sich nur die Formen *penne*, *pene* (von *penna*, Feder) z. B.:

Perc. 2992: Et n'estoit mie pelée
La *penne* qui d'hermine fu!

Durmart 3493: La *penne* estoit d'ermine blanche.

Auch wird gesagt, dass Eiderdaunen (afrz. *edres*, nfrz. *édredon*, welches man häufig in *aigledon* entstellt) zur Verbrämung verwendet wurden. Li biaus desconnus 1515:

La *penne d'edres* fu bendée
D'ermine, de gris geronnée⁴).

Als Quelle für frz. *couette*, *coite* (Federbett), afrz. *colte*, *cuilte*, *coute coite* u. s. w. ist lat. *culcita* aufzufassen, und nicht ist *couette*, wie es den Anschein hat, ein Diminutiv von *coue*⁵). Das afrz. *coulte-pointe*, welches *Steppdecke* bedeutet und im mlat. *culcitra puncta* genannt wurde, legte man sich afrz. und nfrz. in *courte-pointe* und *contre-pointe* zurecht⁶). Dass man statt *taie-d'oreiller* (Kissenüberzug) *tête-d'oreiller* sagt, ist nicht zu verwundern, da sich hier wiederum die Neigung zeigt,

---

1) Littré II 2006 s. v. herbage 2.
2) Andresen S. 30; Littré, Dict. IV 2102.
3) Vgl. Pogatscher a. a. O. S. 34.
4) Vgl. Schultz, Höf. Leben I 291 ff.
5) Vgl. Diez, Etym. Wb. S. 104.
6) Vgl Chevallet a. a. O. S. 179; Palmer a. a. O. S. 469.

wenig bekannte Wörter durch bekannte zu ersetzen, und da *tête* hier auch einen leidlichen Sinn giebt[1]).

Das ahd. *lisca* (Farrenkraut, Lieschgras) entwickelte sich im Frz. zu *laiche* mit derselben Bedeutung. Daneben erhielt das Wort in den roman. Sprachen noch die Bedeutung „feine Schnitte von etwas"; in dieser Bedeutung erhielt das Wort die Form *lèche* im Französischen, vielleicht unter Einwirkung von *lécher*. *Provende* (Mundvorrat) und *prébende* (Pfründe) entstanden beide aus dem latein. *praebenda*; Diez nimmt an, dass sich das erste unter Einfluss von *providere* entwickelt habe, was allerdings möglich ist; aber es ist zu bemerken, dass *provende* eine volkstümliche und *prébende* eine gelehrte Form ist. *Chaudelait* (Aniskuchen) lautet in der alten Sprache *chaudelet* und ist ein Diminutiv von *chaudel*, nfrz. *chaudeau*. Littré erklärt das Wort als „espèce de gâteau composé de lait, de farine et d'anis"; wie man aus der nfrz. Schreibung sieht, hat man das Wort offenbar mit *lait* (Milch) in Verbindung bringen wollen[2]). Sofern *raton* kleiner Pfannkuchen bedeutet, ist es nicht als Diminutiv von *rat* anzusehen, sondern das Wort scheint aus dem ndl. *rate* (Honigrosse) gebildet zu sein. Desselben Ursprungs ist auch afrz. *raie*, nfrz. *rayon de miel* (Honigwabe)[3]). *Oublie* (Oblaten-Kuchen) erinnert sofort an *oublier*. Ein franz. Etymologe erklärt auch das Wort durch *oublier*, indem er sagte, der Kuchen sei so leicht, dass man ihn nach dem Verspeisen sofort wieder vergessen hätte; die älteren Formen *oblée*, *oblaie* führen auf *oblata* (von *obferre*)[5]). Wenn auch die Etymologie des wohl aus dem ital. entlehnten *massepain* (Marzipan) noch nicht ganz aufgeklärt ist, so erinnert doch das franz. Wort deutlich an *masse* oder *masser*[4]). Eine recht hübsche Zurechtlegung ist *choucroute* aus dem dtsch. *sauerkraut* oder vielmehr aus dem ndd. *sûrkrût*, wo man *sauer* mit *chou* (Kohl) und *kraut* mit *croûte* (Kruste) übersetzte. Dieses Wort führt auch Chevallet in seinem Buche (Orig. et Form. II 188) an, und er kann nicht umhin zu bemerken, dass die Herren Deutschen sich gar nicht über diese Entstellung lustig zu machen brauchten, da auch sie aus dem latein. *centaurea* „Tausendgüldenkraut" gemacht hätten, indem er noch hinzufügt, diese sinnreiche Auslegung von *centaurea* komme der scherzhaften Uebersetzung von *Marcus Tullius Cicero* durch *marchand de toile cirée* gleich. Ein Wort, welches in der franz. Sprache verschiedene Wand-

---

1) Vgl. Chevallet a. a. O. S. 179.
2) Vgl. Schelers Anmerk. zu Trouvères Belges I S. 240 Z. 469.
3) Vgl. Diez, Wb. I s. v. raggio.
4) Andresen S. 31.
5) Scheler, Dict. d'étym. S. 330.

lungen durchgemacht hat, ist *omelette* (Eierpfannkuchen). Cotgrave führt die Formen *omelette, aumelette* (d'oeufs) und *oeuf - molette* an; Rabelais (Pantagr. IV 9) gebraucht sogar *homelaicte*. Die belegte Form *aumelette* steht für *amelette*, welche durch Umstellung aus *alemette* entstanden ist, das mit vertauschtem scheinbaren Suffix statt *alemelle* steht[1]). *Alemelle, omelette* und die anderen Entstellungen wären alsdann identisch mit *alumelle* (s. oben S. 30), welches auch im 14. Jhd. in dieser Bedeutung gebraucht wird[2]). Die älteren Schreibungen *moyeuf, moieuf* (*mi-oeuf*) für nfrz. *moyeu* (das Gelbe im Ei) sollen auf die Etymologie *medium ovi* hindeuten, welche jedoch sehr unwahrscheinlich ist[3]) *Flèche de lard* (Speckseite) ist anderen Ursprungs als *flèche* (Pfeil), obgleich es dessen Begriff nicht widersprechen würde, da auch das gleichbedeutende afrz. *haste* ein Stück Fleisch bedeutet[4]). Dass *galantine* (Fleisch mit Gallerte) mit *galantin, galant* in keinem etym. Zusammenhange steht, ist wohl von vornherein anzunehmen, doch ist es nicht unwahrscheinlich, dass die letzteren auf die Bildung des ersteren eingewirkt haben. *Sauce (à la) Robert* soll aus altengl. *Roebroth* oder *Roebrewit* (Rehbocksauce) entstanden sein[5]). Das frz. *sorbet* (süsser Kühltrank), sowie die analogen Formen in den anderen roman. Sprachen, haben sich aus dem oriental. *scharbat, scharbet* wohl nicht ohne Einwirkung von latein. *sorbere* entwickelt[6]).

Bauwerke.

Volkstümlich sagt man „les *aides* d'une maison" statt „les *êtres* oder *aitres* d'une maison"[7]). Bei *caserne* denkt man mit Recht an eine Bildung von *casa*, mit dem Suffix *-erna*, gl. *caverna, taberna*. Das Wort stammt wohl aus dem Italienischen. Dagegen spricht nicht, dass *caserne* ursprünglich nicht als Wohnung für viele Soldaten benutzt wurde, sondern eine kleine Hütte bedeutete, welche etwa für je vier Personen auf Wachtposten bestimmt war. G. Paris wird durch das pr. *cazerna* auf die lat.

---

1) Ueber die Vertauschung von *-et* u. *-el* vgl. Rothenberg, Suffixvertauschung S. 61, wo Verf. noch mehrere Beispiele mit dem scheinbaren Suffix *-et* anführt.

2) Vgl. Littré, Dict. s. v.; Scheler, Dict. d'étym. S. 326, welcher die verschiedenen Deutungen zusammenstellt.

3) Vgl. Diez, Etym. Wb. S. 644.

4) Vgl. Diez, Etym. Wb. S. 585.

5) Vgl. Palmer a. a. O. S. 501; Recueil des Farces (ed. Jacob) S. 308:
   Tout premier vous sera donnée,
   Saulce robert et cameline.

6) Vgl. Andresen a. a. O. S. 28.

7) Vgl. Chevallet a. a. O. S. 177; Diez, Etym. Wb. S. 244.

Etymologie *quaterna* geführt (Mém. de la Soc. de Ling. I 287)¹). Dass *folie* Lusthaus und *folie* Thorheit etymologisch nichts mit einander zu thun haben, ist wohl sicher, man müsste sonst meinen, dass derjenige, welcher sich ein Lusthaus baut, eine Thorheit beginge; und so erklärt denn auch Littré das Wort für eine Entstellung von *feuillié, feuillée*. Ein Krankenhaus, welches besonders für Aussätzige bestimmt ist, heisst in der heutigen Sprache, wenn auch jetzt veraltet, *maladrerie*. Es ist sehr wahrscheinlich, dass in diesem Worte das alte *maladerie* (Krankenhaus) und *ladrerie* (Aussatz) zusammengeflossen sind, oder doch, dass das letztere auf das erstere eingewirkt hat²). Was den Engländern *redoubt* heisst, findet sich im Französ. als *redoute*, worin der Ursprung *reductus* (ital. *ridotto*, frz. *reduit*, welches in ähnlicher Bedeutung vorkommt) nicht mehr zu erkennen ist. Offenbar bildete sich das Wort unter Anlehnung an *redouter* (*redubitare*), als wäre darunter eine Schreckschanze und nicht ein Rückzugsort zu verstehen³). Zweifelhaft ist die Etymologie von *auvent* (Schirmdach), welches ebenso wie das afrz. *avantvens* eine deutliche Anlehnung an *vent* enthält. Ohne Zweifel ist das Wort identisch mit pr. *anvan*, welches einen Vorsprung über dem Eingange einer Burg bedeutet und als *ante vannus* oder *altus vannus* erklärt wird. Andere hingegen nehmen für das mlat. *anvannus, auventus* orientalischen Ursprung an. Auch hat man wohl, durch die afrz. Entstellungen *hauvent, ostevent, ostvent* verleitet, ein *ôte-vent* (was den Wind abhält) als Ursprung annehmen wollen⁴). Ein ähnliches Wort ist das mundartlich in Liège gebräuchliche *abat-tou*, welches man aus dem frz. *abatue* umformte, als wenn *tou* (*toit* Dach) darin läge⁵). In *claire-voie* (Oeffnung, Durchsicht) ist in dem letzten Worte vielleicht nicht ein *voie* (Weg) zu sehen, sondern vielmehr eine unregelmässige Ableitung von *voir*⁶). Das jetzt veraltete *frit* (Verjüngung einer Mauer nach oben) formte man in *fruit* um⁷). *Terre-plein* (Erdwall) sollte eigentlich nur *terre-plain* geschrieben werden, da *plein* hier nicht von *plenus*, sondern von *planus* abzuleiten ist⁸). *Héritier* (spitzig zulaufendes Stück am Dache) ist nach Richelet aus *arétier* umgestaltet⁹). Es

1) Vgl. Scheler, Anhang zu Diez Et. Wb. S. 714.
2) Vgl. Cotgrave; Palmer a. a. O. S. 488.
3) Vgl. Andresen S. 38.
4) Vgl. Diez, Etym. Wb. S. 512; Skeat, Etym. Dict. s. v. awning.
5) Vgl. Sigart, Gloss. Mont. S. 55.
6) Vgl. Littré, Dict. I 635.
7) Littré, Dict. II 1791, s. v. *fruit* 2.
8) Littré, Dict. IV 2199.
9) Littré, Dict. II 2012 s. v. *héritier* 2.

ist wahrscheinlich, dass *palier* (Treppenabsatz) nichts mit *pale* (Pfahl) zu thun hat, sondern eine Ableitung und Entstellung von *paille* (Stroh) ist, weil man den Absatz auf der Treppe gewöhnlich mit Stroh bestreute[1]. In dem letzten Kriege mit Frankreich schuf man scherzhaft *cachemate* (wohin man sich verkroch) aus *casemate*[2]).

Spiel, Kunst, Geld.

Ein Saiteninstrument, welches im Ital. *monocordo* (gr. μονόχορδον, weil es nur eine Saite hatte) lautet, wurde im Franz. zu *manicordion* umgestaltet mit Bezug auf *manus* Hand. Aehnlich ist es mit dem sp. *manicordio* und pr. *manicorda*[3]). Das engl. *country-dance* (Bauerntanz) nahm man ins Französ. als *contredanse* herüber. Vielleicht erinnert *entrechat* (Luftsprung, Kreuzsprung beim Tanze) an zwei bekannte frz. Wörter; das Wort bildete sich aus dem ital. (*capriolo*) *intrecciato*[4]). Hübsch ist die Umformung des engl. *aunt Sally* (Tante Sarah) in *le jeu de l'âne salé* (gesalzener Esel)[5]). Der beim Kegelspiel gebräuchliche Ausdruck *faire chou-blanc* (Nichts gewinnen, Pech haben) ist jedenfalls eine Entstellung; *chou* steht wahrscheinlich für *choup*, welches eine dialektische Nebenform von *coup* ist[6]). In einigen Provinzen sagt man *marène* statt *marelle* (Brettspiel), vielleicht nicht ohne dabei an *marraine* (Pathin, Dame) zu denken[7]). Wenn beim Kartenspiel das As allein sitzt, d. h. ohne Beikarten von seiner Farbe zu haben, so nennt man dies *as percé* (durchbohrtes As); dies ist natürlich eine französierte Form des ital. *asso per se* (As allein)[5]). *Jeu de dames* hat nicht etwa daher seinen Namen, dass Damen sich bei diesem Spiel besonders ergötzen, sondern *dame* (span. *dama*) bedeutet hier ursprünglich „Stein, Stück"[8]). Da das Schachspiel aus dem Orient stammt, so haben auch viele Teile desselben fremde Namen, die man im französ. Schachspiel einheimischen Wörtern anglich oder durch solche erklärte. So nennt man den Läufer im Schachspiel *fou* (Thor, Narr), welches aus dem

---

1) Littré, Dict. III 911.
2) Andresen S. 36.
3) Diez, Etym. Wb. 216, welcher auch die pr. Stelle aus L.R. „*manicorda ab una corda*" anführt; Andresen S. 28.
4) Vgl. Diez, Etym. Wb. 571.
5) Darmesteter, Mots comp. S. 231.
6) Vgl. Jaubert, Glossaire du Centre de la France S. 163.
7) Littré, Dict. III 446 s. v. marelle.
8) A. v. d. Linde, Schachspiel II 197.

unverständlichen arab. *fil* (Elephant) entstand, indem man im Mittelalter das Schachbrett mit seinen Figuren als Staat im Kleinen auffasste, und dem *Alfil* wegen seiner Stellung neben dem König sinnreich den Namen *fou* (Hofnarr) beilegte. In der Göttinger Handschrift über das Schachspiel wird das Wort auch mit *stultus* (Hofnarr) wiedergegeben[1]) *Roc* (der Turm im Schachspiel) ist nicht, wie einige Wörterbücher es thun, mit *roc* (Fels) zusammen zu bringen, sondern stammt aus dem pers. *rokh, roch,* welches nach Einigen (die aber sicher irren) „tapfrer Mann" (dtsch. *Recken*), nach Anderen ein „grosser fabelhafter Vogel" bedeutet[2]). Das afrz. *fierce, fierche, fierge* (Königin im Schachspiel), welches das pers. *ferz*[3]) (Feldherr) ist, entstellte man später unter Anlehnung an das bekannte Wort in *vierge*; dass diese weibl. Benennung der Schachfigur die jetzt üblichen Namen *reine* und *dame* nach sich gezogen habe, bestreitet v. d. Linde[4]). Der Bauer im Schach- oder Damenspiel wird nfrz. *pion* genannt. Da nun die ältesten Formen *paon, poon* (von *pavo* Pfau) sind, so nimmt Littré an, dass das nfrz. *pion* eine Angleichung an *pion* (pedo, pedonis von pes) Fussoldat sei. Doch die Formen in den andern rom. Sprachen, wie z. B. it. *pedina*, widersprechen dieser Annahme, und es ist vielmehr wahrscheinlich, dass in dem afrz. *paon* eine Umdeutung vorliegt, von welcher Form auch das engl. *pawn* stammt.

Ueber *vaudeville* (Volkslied), sagt das Wörterbuch der Akademie, dass es heute bedeute „une chanson qui court par la *ville*". Bouillet erklärt es deshalb auch als aus *voix de ville* entstellt. Diese Liedergattung wurde am Ende des 14. Jhd. von Olivier de Basselin aufgebracht, welcher im Thale (*Val, vau*) von *Vire* (ein kleiner Fluss in der Normandie) lebte[5]).

Das dem frz. *mitraille* (kleine Münze) entsprechende Wort lautet im norman. *mindraille* mit Anlehnung an den Komparativ *mindre* (= moindre)[6]). Um die Etymologie von *argent* zu erklären, erfand der Verfasser des Baudouin von Sebourc folgende Geschichte: „Der Teufel brachte einen grossen Haufen Geld in einer Scheune zusammen und rief die Leute herbei. Diese erbrachen die Scheune, und der Teufel

---

1) Vgl v. d. Linde a. a. O. I 324.
2) Vgl. Weigand, Wb. II 503; Skeat, Etymol. Dict. S. 505; A. v. d. Linde a. a. O. II 140.
3) Dama en el juego de axedres *férze ferzît*. Pedro de Alcala 189^t 28 ed. P. de Lagarde; *farz*, Vullers lexicon persicum II 654^2.
4) Vgl. Diez, Etym. Wb. S. 584; Allg. Ztg. 1880 S. 3356; Andresen S. 29; v. d. Linde a a. O. II 150.
5) Vgl. Diez, Etym. Wb. S. 696; Andresen S. 30.
6) Diez a. a. O. S. 641.

verbrannte sie alle darin; daher der Name *argent* = *art* (von *ardere*) + *gent* (die Leute), B. d. S. II 33 V. 24 ff.:

> E! Diex, qu'est-che *d'argent*? Chius le sot bien nommer
> Qui *argent* l'appella: les *gens* fait *embraser*.

Ebenso in Rich. li Biaus (ed. Foerster):

> V. 4396: *Argens* a non qui *art* les *gens*.

Zeit, Wort, Schrift.

Nfrz. *avent* (Adventszeit) schrieb man früher auch *avant* wie die Präposition, vielleicht auch mit Anlehnung an dieselbe, da *avent* die Zeit vor (*avant*) Weihnachten ist[1]). Eine schon sehr alte Anlehnung findet sich in dem Worte *pâque* (ital. *pasqua*, sp. pr. *pascua*, Osterfest). Das Wort stammt bekanntlich aus latein. *pascha*, hebr. *pesach* Uebergang, d. h. Auszug der Juden aus Aegypten, doch schon früh schob man ein *u* ein, indem sich das latein. Wort *pascua* Weide, d. h. Ende der Fasten, einmischte[2]). Afrz. *Pentecoste*, *Pentecouste* (*pentecôsta*, πεντηκοστή) hatte ursprünglich ein ǫ, aber vielleicht durch Einfluss von *cǫster*, mit dem es oft reimt, wurde das o geschlossen. Vgl. Ch. Lyon 5, 6 .... *Pentecoste: a celle feste qui tant coste*[3]). *Samedi* (Sonnabend) wurde aus *sabbati diem* zusammengezogen (vgl. pr. *dissapte*, it. *sabato*), doch das afrz. *semedi* verstand man als *seme* (*septimum*) + *di*[4]). Nur hinweisen möchte ich auf die allegorische Deutung der Wochentage und Namen der Monate im Computus des Philipp von Thaun (ed. Mall, Strassburg 1873).

Plumitif (Urtext, Original) scheint mit *plume* (Feder) verwandt zu sein, doch wahrscheinlich ist hier nur eine Anlehnung an *plume*, und das Grundwort ist *primitif*. Der Uebergang liesse sich leicht erklären, *i* verdunkelte sich leicht in der unbetonten Silbe (z. B. afrz. *prumier*, *promier* statt *premier*, *primier*) und *r* ging in *l* über. Da auch begrifflich *primitif* und *plume* etwas mit einander gemein hatten, so konnte sich leicht die jetzige Form festsetzen[5]). Dass man *épellation* (das Buchstabiren) mit *ll* schrieb und das Vb. *épeler* mit einfachem *l*, hat wohl darin seinen Grund, dass man es an *appellation* und *appeler* anzugleichen suchte. Bekanntlich sind aber beide Wörter ganz ver-

---

1) Vgl. Cotgrave; Palmer a. a. O. S. 461.
2) Vgl. Diez a. a. O. S. 237. S. auch *pâquerette* oben S. 27.
3) Vgl. Foerster, Anm. zu Aiol V. 82.
4) Vgl. Foerster, Aiol S. 600.
5) Vgl. Scheler, Dict. d'étym. S. 358.

schiedenen Ursprungs, das erste (*épellation*, *épeler*) ist germanischen Ursprungs (ahd. *spellôn*) und das letzte stammt aus dem Lateinischen[1]). Neben *sobriquet* (Spitzname) kommt die Schreibung *sotbriquet* vor, welches eine Zusammensetzung von *sot* (einfältig) und dem sinnverwandten afrz. *briquet* sein könnte. Das Wort bedeutet nach Littré ursprünglich „coup sous le menton", und daraus entwickelte sich der Sinn „Spott, Spottname". Mit Bezug auf die entsprechenden Ausdrücke *sousbarbe*, sp. *so-papo*, und wegen der alten Schreibung *soubsbriquet* nehmen Bugge und Littré ein ital. *sotto - becco*, *sotto bechetto* an, woraus sich frz. *soubsbequet* und mittelst Einschub von *r* (wie in *fanfreluche*, *pimprenelle*) *soubsbriquet*, *sobriquet* entwickelte. Eine pik. Form des Wortes ist *surpiquet*[2]).

Eine sehr beliebte Anekdote giebt es über das Wort *galimatias* (Gallimathias, verworrenes Zeug, Unsinn): Ein Advokat habe in latein. Sprache einen Prozess für einen Namens Mathias zu führen gehabt, in welchem es sich um einen Hahn handelte; in der Hitze des Gefechts habe er aber immer *galli Mathias* statt *gallus Mathiae* gesagt, und deshalb habe man *galimatias* für „wirres Zeug" gebraucht. Es ist klar, dass die Anekdote nur erfunden wurde, um die Etymologie zu erklären, und das Wort ist wohl mit *galimafrée*, welches in ähnlicher Bedeutung vorkommt und sich jeglicher etymol. Erklärung weigert, auf gleiche Stufe zu stellen[3]). Für das richtigere *pantomime* (Geberdensprache), welches aus dem griech. herüber genommen wurde, sagt man volkstümlich *pantomine* mit Anlehnung an *mine*.

Andere Abstrakta.

In Hinsicht auf die vielen im Franz. mit *ex* beginnenden Fremdwörter schreibt man *extase* (ἔκστασις), wofür man besser *ectase* schreiben sollte. Ebenso schreibt man engl. *extasy* neben *ectasy*[4]). Diez glaubt, dass man bei *accise* (Verbrauchssteuer) an lat. *accidere* gedacht habe und hält es für etymologisch identisch mit *assise*[5]). *Mensonge* (Lüge) hat wegen seiner Endung oft dazu verleitet, dass man es für eine Ableitung von *somnium* (*songe*) hielt und darin gleichsam ein *mentis somnium*

---

1) Vgl. Littré, Ét. et Gl. S. 20.
2) Vgl. Scheler, Anhang S. 776; Littré, Ét. et Gl. S. 58.
3) Vgl. Andresen a. a. O. S. 234; Littré, Dict. II 1822.
4) Andere scheinbar mit Präpositionen zusammengesetzte Wörter verzeichnen Diez, Etym. Wb. I s. v. *spasimo* und Schuchardt, Vokal. II 352. Vgl. auch *convoitise* unter *convoiter*.
5) Vgl. Diez, Wb. 510 ff.; vgl. Andresen a. a. O S. 32.

sah. Das Wort stammt aus *mentitio* (pr. *mentizo*) und ist eine Anbildung an das sinnverwandte *chalonge* (calumnia) Verläumdung[1]). Die Wörterbücher geben *merci* in der Bedeutung „Barmherzigkeit, Gnade" als fem. an, während sie es in der Bedeutung „Dank" als masc. aufführen. Ursprünglich war das Wort nur weiblich (vgl. latein. *merces mercedis*), und das männliche Geschlecht erhielt es erst durch Ausdrücke wie *grand merci*, wo man *grand*, welches in der alten Sprache wie alle Adjektiva einer Endung sowohl für masc. als femin. gebraucht wurde, als ein männl. Adj. ansah und so dem Worte *merci* männl. Geschlecht gab[2]). Neben dem veralteten *malveuillance* (*malevolentia*) und *malveuillant* (Böswilligkeit, böswillig) sagt man jetzt meist *malveillance, malveillant*, welches an *veiller* (*vigilare*) angelehnt zu sein scheint[3]). *Bonheur, malheur* und die Ableitungen *bonheureux, malheureux* u. s. w. werden von *bona hora, mala hora* fälschlich hergeleitet, von denen auch Ableitungen in ähnlicher Bedeutung vorkommen, z. B. Ch. du XVe siècle S. 81:

Car pour vous aymer j'ai eu mainte *malheure*

und afrz. öfter. Im Nfrz. lebt das Wort noch in den adv. Redensarten *à la bonne heure, à la mal(e) heure* u. s. w. Von *hora* können *bonheur* und *malheur*, sowie das jetzt veraltete Simplex *heur* nicht kommen, sonst müsste ein Geschlechtswechsel stattgefunden haben; sie gehen, wie afrz. *ëur* beweist, auf lat. *agurium* (= augurium) zurück, doch hat *heure* insofern auf die Bildung des Wortes eingewirkt, als man *ëur* nach Aufgabe des Diphthongs mit anlautendem *h* schrieb[4]). Aus dem mlat. *widerdonum* entwickelte sich im Franz. *guerredon, guerdon* (Lohn, Vergeltung). Das mlat. Wort wurde aber aus dem dtsch. *widarlôn* entstellt, was um so leichter geschehen konnte, als dtsch. *lôn* und latein. *donum* dieselbe Bedeutung hatten[5]). *Obsèques* (pr. aspan. *obsequias* Leichenbegängnis) wurde umgedeutet aus *exsequiae* unter Einwirkung von *obsequium*, „indem man dabei an das willfährige Gefolge der Freunde und Diener dachte"[6]). Statt *amnistie* sagte man im letzten Kriege oft volkstümlich *armistice*[7]). In der sprichwörtlichen Redensart „querelle d'Allemand" (Streit ohne Grund) soll nicht der Volksname zu Grunde

---

1) Vgl. Diez a. a. O. S. 211.
2) Vgl. Littré, Ét. et Gl. S. 43.
3) Littré, III 403.
4) Näheres über dies Wort bei Diez a. a. O. S. 31.
5) Vgl. Diez a. a. O. S. 180.
6) Diez a. a. O. S. 648.
7) Andresen S. 36.

liegen, sondern der Name einer mächtigen Familie Alleman, welche im 12.—14. Jhd. im Dauphiné lebte. Man sagte auch *querelles Allemandes* zur Verspottung der deutschen Kleinstaaterei[1]).

Verba und Verbalausdrücke.

Insofern *altérer* durstig machen heisst, wird man wohl nicht fehl gehen, es als eine Entstellung von *artérier* (mlat. *urteriare*) anzusehen[2]). Zwei etymologisch ganz verschiedene Verba werden jetzt überein geschrieben, nämlich *cingler* in den Bedeutungen „segeln" und „peitschen". In der ersten Bedeutung ist das vb. german. Ursprungs und identisch mit dem dtsch. „segeln" (afrz. *sigler, singler*). Die Schreibung mit anlautendem *c* wurde wohl durch Assimilation an *cingler* (von *cingulum*) hervorgerufen[3]). Afrz. *ahastir* (anreizen) statt *aatir*[4]) zeigt deutliche Anlehnung an *haste*[5]); ebenso entwickelte sich afrz. *plestengir* (statt *blastengier*) wohl unter Einfluss von *plait, plet* (Streit, Prozess)[6]). Bei *ricaner* (sp. *regañar*, pg. pr. *reganhar*) entstand nach Diez *ri*- statt *re*- durch Einwirkung von *ridere, rire*[7]).

Die Einschiebung des *n* in *convoiter* (begehren) erweckt die Vorstellung, als wenn das Wort mit der Präposition *con* zusammengesetzt sei, dagegen zeigen die Formen pr. *cobeitar*, it. *cupitare*, dass hier ein von *cupidus* abgeleitetes vb. *cupititare* zu Grunde liegt[8]). *Convier* (it. *convitare*, sp. pg. pr. *convidar* einladen) ging aus lat. *invitare* mit vertauschter Präposition unter Einfluss von *convivium* hervor[9]). Interessant ist die Geschichte des Wortes *éconduire*. In der alten Sprache sagte man nur *escondire* (*ex-con-dicere*), welches die Bedeutung „entschuldigen" hatte. Im 15. Jhd. lehnte man das Wort an *conduire* (*conducere*) an, gebrauchte es aber noch in der ursprünglichen Bedeutung. Jedoch die Form wirkte bald auf den Sinn ein, so dass man das Wort als synonym mit *conduire hors, mettre à la porte* gebrauchte, welche Bedeutung jetzt die einzige ist[10]). Das vb. *froncer* (*runzeln*) und das Sbst. *fronce*

---

1) Vgl. Andresen S. 31.
2) Diez a. a. O. S. 506.
3) Vgl. Diez, s. v. siglar.
4) Vgl. Diez, Etym. Wb. S. 502.
5) Vgl. Scheler, Anmerk. zu Trouvères Belges II S. 357, V. 138.
6) Vgl. Scheler, Anmerk. zu J. de Condé I S. 406 V. 46.
7) Vgl. Diez, Wb. S. 267.
8) Vgl. Diez a. a. O. S. 116, s. v. cupido.
9) Vgl. Diez, Wb. S. 108.
10) Vgl. Littré, Ét. et Gl. S. 19.

(Falte) leitet Diez von einem aus *front* gebildeten *frontiare ab, da das Wort eine Handlung der Stirn ausdrücke. Zu beachten ist jedoch die Vermutung Scheler's, welcher annimmt, dass das vb. aus dem sbst. *fronce*, neben welchem auch *ronce* (= dtsch. *runze*) vorkommt, herzuleiten sei, mit wahrscheinlicher Angleichung an front[1]. In *ordonner* haben wir scheinbar die beiden Wörter *ordre* und *donner*, was sich aber bei der historischen Betrachtung des Wortes als falsch erweist. Hier liegt dieselbe Erscheinung zu Grunde, wie in latein. *primarius* — afrz. *promier* — nfrz. *premier*, denn im afrz. bis zum 14. Jhd. findet sich *ordener* (*ordinare*). Vielleicht wurde hier der Uebergang auch veranlasst durch die Redensart *donner l'ordre*[2]). Ebenso haben *abandonner* und *guerdonner* mit *donner* nichts zu thun. Die franz. Verben *poser, reposer, déposer, disposer, exposer, imposer, proposer, supposer* scheinen alle von einem Stamme abgeleitet zu sein, was jedoch nicht der Fall ist. Während die ersteren beiden auf latein. *pausare* zurückgehen und mit *pauser* identisch sind, fussen die letzteren auf latein. *deponere, disponere, exponere, imponere, proponere* und *supponere*, allerdings mit Anbildung an das sinnverwandte *pausare*[3]). Dem Verb *rabougrir* (verkrüppeln) liegt vielleicht nicht *bougre* (*Bulgarus* als Schimpfwort gebraucht) zu Grunde, sondern die Umstellung eines deutschen Wortes wie *Krüppel*, welches man später nach *bougre* umformte, um eine Beschimpfung hineinzulegen. Zu vergleichen wäre hiermit pr. *Bafomet* statt *Mahomet* (bafa die Lüge)[4]). Nicht mit *vache* (Kuh) hängt das Vb. *avachir* (schlaff werden) zusammen, wenn auch die Herleitung vom dtsch. *weichjan* nicht gerade gewiss ist. Das engl. *to buffet* gestaltete man in volkstümlicher Weise um in *boeuffer*[5]). *Calfeutrer*, welches dasselbe Wort ist, wie *calfater* (it. *calafatare* kalfatern) ist eine Angleichung *feutre* (Filz)[6]). Volkstümliche Entstellungen sind *dérailler, échanger, élarguer* statt *dérayer, essanger* und *élaguer*. *Godailler* (zechen) erinnert an *godet* (Trinkgefäss), indem man das Wort gleichsam als „boire a plein godet" auslegt. Ueber die wahre Etymologie sind die Ansichten noch geteilt, einige erklären es aus afrz. *godale* (= engl. *good-ale*)[7]. Für *rentraire* (*re-intrahere*) „zwei Stücke Stoff zusammennähen", sagen

---

1) Scheler, Anhang S. 720.
2) Diez, Wb. S. 649.
3) Diez a. a. O. S. 239.
4) Vgl. Diez, Wb. S. 663.
5) Vilatte, Parisismen s. v.
6) Vgl. Diez, Wb. S. 77 und Anhang S. 712.
7) Vgl. Littré, Ét. et Gl. S. 130; Diez, Wb. S. 600.

die Schneiderinnen gewöhnlich *rentrer*[1]. *Ruiner*, ein term. techn. der Zimmerleute und Maurer (die Balken einkerben, damit der Bewurf leichter sitzt) hat nach Littré nichts mit *ruiner* (verderben) zu thun, sondern ist identisch mit *ruiler* (*regulare*)[2]. Die früheren Schreibungen *sçavoir* und *sçavant* statt *savoir, savant* gehen auf die Renaissanceperiode zurück, wo die etymologisierenden Gelehrten die Wörter mit lat. *scire* in Zusammenhang bringen wollten[3]. Für *saupoudrer* spricht das Volk gewöhnlich *soupoudrer*, wohl mit Anlehnung an die mit *sous* zusammengesetzten Wörter. Das lat. *abominor* brachte schon Augustin, welcher *abhominor* schrieb, mit *homo* zusammen; auch im Franz. scheint man diese Vorstellung bei *abhominer, abhomination, abhominable* gehabt zu haben. Im wallon. entstellte man *balancer* in *berlonger*[4]. Im afrz. hiess „zu Boden werfen" gewöhnlich *craventer, cravanter* (pr. *crebantar*, sp. pg. *quebrantar*), daneben findet sich öfter *graventer, agraventer*, wo *y* statt *c* vielleicht durch Einfluss von *grave* (*gravis*) entstand. *Faire bonne* (*mauvaise*) *chère* heisst eigentlich *faire bon* (*mauvais*) *visage*, daraus entwickelte sich die Bedeutung *faire bon accueil*, in welcher das Wort bis zum Anfang des 17. Jhd. gebraucht wird. Die heutige Bedeutung *avoir un bon* (*mauvais*) *repas* kommt daher, dass derjenige, welcher gut (schlecht) aufgenommen wird, gut (schlecht) bewirtet wird; vielleicht wirkte auch mit ein, dass man *chère* als *chair* auffasste und dass so die frühere Bedeutung „Empfang, Aufnahme" verloren ging[5]. *Corps saint* bedeutet „Leichnam eines Heiligen", aber in der Wendung *enlever qn. comme un corps saint* (jemanden mit Gewalt wegbringen) haben wir eine Volksetymologie von *corsin* zu sehen[6]. Das subst. *rondon* ist jetzt nur noch gebräuchlich in der Redensart *fondre en rondon* (sich mit Heftigkeit auf seinen Raub losstürzen). *Rondon* ist identisch mit dem afrz. und jetzt veralteten *randon* (sp. *randon, rondon*), vielleicht wird man dabei mit Bezug auf das Kreisen des Falken an *rond* denken. Nicht sicher ist die Vermutung, dass *être tout en nage* für *être tout en age* stehe, wo *age* aus *aqua* gebildet sein soll. Das Dict. crit. de la langue vicieuse tadelt die Ausdrucksweise *bailler aux corneilles* statt *bayer aux corneilles*. Wahrscheinlich wird in der sprich-

---

1) Littré IV 1623, s. v. rentraire.
2) Littré IV 1872, s. v. ruiner 2.
3) Vgl. Pogatscher a. a. O. S. 34.
4) Sigart, Gloss. Mont. S. 84.
5) Vgl. Littré, Ét. et Gl. S. 10.
6) Vgl. Le Roux de Lincy, Prov. fr. I 9; Littré, s. v. corsin; Dict. de l'Académie, s. v. corsin.

wörtlichen Redensart *parler français comme une vache Espagnole* mit *vache* „Baske" gemeint sein, welche beiden Wörter im afrz. *Vace* lauten[1]). Eine Frau sagte einst „Si le vin est si mauvais à Paris, c'est qu'on y met du *bois qu' empeste*" und meinte damit *bois de campêche* [2]). Ebenso sagt man oft im Volke „il m' est entré une *écharpe* dans le doigt" statt *écharde* (Distel). Im wallon. hört man *es coeur boit del graisse* (sein Herz trinkt Fett) für frz. *son coeur bat d'allégresse*, man sagt auch *boit du lait*; beides in der Bedeutung „sich öfter betrinken"[3]). In Vauvert, einem Schlosse in der Nähe von Paris, sollte es unter Ludwig IX. spuken; daher stammt die Redensart „aller (rester) au diable *Vauvert*"; das Volk entstellte dies aber in „aller au diable *au vert* oder *au vers*"[4]). Die in früherer Zeit gebräuchliche Redensart „il entend *l'Hébrieu*" entstand durch ein Wortspiel zwischen *Ebraeus* und *ebrius*. Vgl. noch folg. Vers:

> Je suis le docteur toujours ivre
> Notus inter Sorbonicos;
> Je n'ai jamais lu d'autre livre
> Qu' Epistolam ad Ebrios[5]).

Hier möchte ich auch noch einige volkstümliche Ausdrücke erwähnen, in welchen auf Ortsnamen angespielt wird: „Faire passer par la voie *d'Angoulême*" für *engouler* (verschlingen), „se caresser *l'angoulême*" (gut essen und trinken); ebenso *angoulême* und *le canal d'Angoulême* für la *goule*, „Aller à *Cachan*" (Dorf bei Arcueil) für *se cacher*; „prendre le chemin de *Niort*" (verneinen, leugnen) und „envoyer q. à *Niort*" (jem. etwas abschlagen) für *nier*.

Adjektiva.

In der alten Sprache hiess *errer* sowohl „reisen" (*iterare*) als „irren" (*errare*). Da das Wort in der ersteren Bedeutung fast verschwunden ist, so mag bei den Ausdrücken *chevalier errant* (fahrender, nicht irrender Ritter), *juif errant* (ewiger Jude), *étoile errante* (Wandelstern), *peuples errants* (Normadenvölker) leicht der Gedanke an den ähnlichen Begriff „umherirren" (*errer* = lat. *errare*) entstehen; der hier zu Grunde liegende Begriff ist jedoch „reisen" *iterare*, wovon die älteste

---

1) Vgl. Andresen S. 36.
2) Vgl. Darmesteter, Mots nouv. S. 176.
3) Vgl. Sigart, Dict. Mont. S. 91.
4) Sachs, Wb. S. 1989.
5) Vgl. Cotgrave, s. v. Hebrieu; Palmer a. a. O. S. 481.

frz. Form *edrar* lautet¹). Eine ungenaue und scheinbar an *force* angelehnte Form hat das Adj. *forcené* (wütend, unsinnig), ebenso wie die mit ihm verwandten Wörter *forcènement, forcener, forcenerie*; man sollte sie eigentlich wie im Altfranzösischen mit *s* schreiben, da sie aus *for* (= latein. *foris*, nfrz. *hors*) und *sen* (dtsch. *Sinn*) zusammengesetzt sind. Vgl. pr. *forsenat*, it. *forsennato* ²). Es ist sehr unwahrscheinlich, dass *plantureux* (üppig, fruchtbar) eine Ableitung von *plante* ist, vielmehr ist *plentureux* von *plenus* anzunehmen. *Souffreteux* (notleidend, dürftig) erinnert natürlich zuerst an *souffrir*, wovon man es auch hat ableiten wollen; in der alten Sprache erklärte man es auch scherzhaft als *s'offre à tous*. Wenn man aber die afrz. Formen *soffraitous, souffraite*, pr. *sofraitos* u. s. w. betrachtet, so wird man auf ein latein. *suffraclosus von *suffractus* (*suffringere*) geführt³). Der formelle Zusammenhang zwischen *vilain* (hässlich, schurkisch) und *ville* ist nicht mehr zu erkennen, vielmehr drängt sich bei *vilain* der Gedanke an das Adj. *vil*, lat. *vilis* auf, wovon es jedoch ganz verschieden ist⁴). *Feignant*, synon. mit *fuinéant*, halten einige für eine Entstellung desselben, doch Génin und Littré leiten es von *feindre* (fingere) ab. *Climatérique* (it. sp. pg. climaterico), bes. in der Wendung „an, année *climatérique* (jedes siebente (oder neunte) Jahr des menschlichen Lebens) vorkommend, wird vielfach mit *le climat* zusammengebracht, während es jedoch aus lat. *climactericus* — gr. κλιμακτηρικός (stufenweise) entstand. In den Ausdrücken „dormir la *grasse matinée*", „faire la *grasse matinée*" (bis in den Tag hineinschlafen) ist *grasse* entstellt aus *grans*; vgl. *de grand matin*³). Man hat neuerdings das Adj. *mauvais* (ital. malvagio, pr. afrz. *malvais*) von *malva* — *malvax (Malve — weichlich — schlecht)⁶) oder von *malus* herleiten wollen, doch ist die Erklärung von Diez noch immer die ansprechendste. Nämlich im goth. findet sich *balvavêsei* (Bosheit), woraus ein Adj. *balvavêsis* zu erschliessen ist, dem ein ahd. Adj. *balvâsi* entsprechen würde; dies wurde dann im franz. zu *balvais und durch Umdeutung mit *mal* (*malus*) zu *malvais, mauvais*⁷). Volkstümlich sagt man *fiscal* statt *ficelé* (elegant, fein) ⁸)

---

1) Vgl. Diez, Wb. S. 573.
2) Vgl. Diez, Wb. S. 291, s. v. *senno*.
3) Vgl. Diez, Wb. S. 297.
4) Vgl. Diez, Wb. S. 341.
5) Chevallet a. a. O. S. 183.
6) Vgl. K. Hofmann in Wölfflins Archiv I 591 ff.
7) Vgl. Diez, a. a. O. S. 201; Anhang S. 723.
8) Vilatte, Parisismen.

Wie einmal das früh unverstandene *vair* (*varius*, bunt, Buntwerk, Pelzwerk) zu *verre* in *pantoufle de verre* (im Märchen „Aschenbrödel", wo man den Ausdruck im Deutschen durch „*gläserner Pantoffel*" wiedergab) umgestaltet wurde, so findet sich auch andrerseits später *yeux vers*, *yeux verts* statt *yeux vairs*; z. B. Fournier, Théâtre franç. avant la Rev. 324ᵃ: El' a les yeux *vers* et rians (vergl. les ex *vairs* et rians. Aucassin u. Nicolete 2, 13). Ebenso bei Lafontaine (Filles de Minée): *yeux verts*[1]).

Adverbia und andere Wortarten.

Das Wörterbuch der Akademie hat *de longue main* (lange vorher, vor langer Zeit), ebenso das Wörterbuch von Mozin - Peschier (1842) noch nicht aufgenommen, beide haben *de longuement*, welches sie als „durant un long temps" definieren. Dagegen giebt Sachs letzteres als veraltet an und lässt nur ersteres gelten. Beide sind wohl gleich, und das erstere (*de longue main*), welches erst im 14. und 15. Jhd. vorkommt, ist aus dem letzteren entstellt[2]). Das mehr volkstümliche und wenig gebräuchliche *dès le patron Jaquet,- Minet* (sehr früh am Morgen) soll entstanden sein aus *dès le paître au Jaquet,-Minet* (die Zeit, wo das Eichhörnchen herauskommt, um zu fressen)[3]). Um zu bezeichnen, dass jemand sehr alt ist, sagt man „vieux comme les chemins (les rues), comme Hérode" oder „comme *Mathusalem*"; letzteres wird volkstümlich auch entstellt als „*Mathieu salé*"[4]). Dass die adverbialen Redensarten „*sens dessus dessous*", „*sens devant derrière*", wofür Vaugelas „*sans dessus dessous*" u. s. w. schreibt (als wenn es „*sans dessus ni dessous*", ohne „Ober- und Unterteil" bedeute), auf einer falschen Analogie beruhen, zeigt die historische Entwicklung. Bis zum 16. Jhd. schrieb man *c'en dessus dessous* (das was oben, unten) und *c'en devant derrière* (das was vorn, hinten), während seit dem 17. Jhd. die heutige Schreibung sich festsetzte[5]). In dem nfrz. *toute fois* haben sich zwei etymologisch ganz verschiedene Wörter gemischt, die richtige Form wäre *toute voie*, welche sich auch im afrz. neben *toutes voies*, *toute voies* u. s. w. findet. Die entsprechenden Formen in den romanischen Schwestersprachen sind ital. *tuttavia*, sp. *todavia*. Doch schon im afrz. ersetzte man *voie* (via), welches sonst nicht in der Bedeutung „mal" vorkam, durch das

---

1) Vgl. Pogatscher a. a. O. S. 7, 34; Littré, Dict. IV 2412.
2) Vgl. Chevallet a. a. O. S. 183; Courrier de Vaugelas, X S. 36 u. 97.
3) Näheres bei Littré III 1011; Robin, Dict. du Patois Norm. S. 304.
4) Vgl. Sachs, Wb. S. 1605.
5) Vgl. Littré IV 1893 f.

ähnlich klingende und gleichbedeutende *fois* (lat. *vice*, pr. *vets*, *aodaes* dies heute die allein übliche Form ist. Von den aus dem lat. *ecce* entstandenen Adv. *ez*, *es* bildete man, wenn sie in Verbindung mit dem persönl. Pron. *vous* standen, einen Plural mit Verbalflexion; man sagte also *estes-vous* statt *ez-vos*. Die Präposition *selon*, afrz. auch *selonc*, entstand aus *secundum* mit Einmischung von *long* (*longum*)[1]). Bekanntlich ist in der formelhaften Wendung *de par le roi* (auf Befehl des Königs) *par* aus *part*, wie man afrz. auch noch schrieb, umgedeutet[2]).

Eine Reihe von Interjektionen wurde entstellt und an naheliegende Wörter angeglichen, teils um anstössige Wörter zu umgehen, teils um Ausrufe, wie die den Namen Gottes enthaltenden, zu vermeiden. So sagt man *fouchtra*, *fichtre* statt *foutre*; *foin* ist vielleicht lat. *phu*. In *dame! dam!* hat man *dieu me damne* oder eine Anrufung der heiligen Jungfrau sehen wollen, es ist aber nichts anderes als der lat. Vokativ *domine*. Das *a* statt *o* findet sich schon afrz. z. B. *damne-dieu*, *damle-dieu*, *damel-dieu*, *dame-dieu* (*dominus deus*)[3]). *Par ma fi, fique, fiquette, ficotte* u. s. w. stehen für *par ma foi*.

Man scheute sich bei Ausrufen den Namen Gottes zu nennen, deshalb die vielen Entstellungen, *par dieu* wurde *pardi*, *pardine*, *pardié*, *pardienne*, *parbleu*. Man sagt *jarniblev*, *jarnidieu*, *jarnigué*, *jarniguienne* statt *je renie dieu*; *maugrébleu* statt *mal* (*mauvais*) *gré(à)dieu*. Man stellte sich Gott auch als Mensch vor und beteuerte mit den einzelnen Teilen seines Körpers und mit den menschlichen Eigenschaften: *Corps de dieu* wurde *corbieu*, *corbleu*; *palsambleu*, *par la sambleu*, *palsandié*, *palsangué*, *palsanguienne*, *sambieu*, *sombille*, *sambleu* = (*par le*) *sang*(*de*) *dieu*; *tête-bleu* und *ventre-bleu* = *tête* (*de*) *dieu* und *ventre* (*de*) *dieu*. *Mort* (*de*) *dieu* findet sich in verschiedenen Variationen: *mordieu*, *mordié*, *mordienne*, *mordi*, *mordiable*, *mardi*, *mortbleu*, *morbleu*, *morbieu*; *mordemonbleu* (V. Hugo, Quatrevingt-Treize I, 2, 3) für *mort de mon dieu*. Neben *vertudieu* und *vertubleu* findet sich *vertuchou(x)*, welches das aus *dieu* entstandene *bleu* noch unkenntlicher zu machen sucht. In dem bekannten Fluche Heinrichs IV. *ventre-saint-gris* steht das letzte Wort für *Denis*.

---

1) Vgl. Diez, Anhang S. 773.
2) Diez a. a. O. S. 655.
3) Diez, Etym. Wb. S. 559.

Leben.

Ich, Christian Fass, evangelisch-lutherischer Konfession, wurde am 16. Oktober 1860 in Lüethorst, Kreis Einbeck, geboren, wo meine Mutter noch lebt. Durch Privatunterricht vorbereitet, bezog ich Michaelis 1876 die Realschule I. O. zu Goslar, welche ich jedoch nach Jahresfrist mit der Höheren Bürgerschule zu Einbeck vertauschte. Nach Absolvierung derselben, Ostern 1880, gieng ich wiederum nach Goslar und bestand hier Ostern 1882 das Maturitätsexamen. Nachdem ich in Einbeck meiner Militärpflicht genügt, studierte ich seit Ostern 1883 in Göttingen neuere Philologie.

Vorlesungen hörte ich bei den Herren Docenten Andresen, Baumann, Bechtel, Cloetta, Fick, Goedeke, Heyne, Koeune, G. E. Müller, W. Müller, Napier, Vollmöller, A. Wagner, H. Wagner. Ihnen allen bin ich zu grösstem Danke verpflichtet.